La Firma Digital

IFCM012PO Informática y comunicaciones

EF/IFCM012PO/JUNIO/25

© Centro de Estudios ADAMS. Ediciones Valbuena
C/ Narciso Serra, 14
28007 Madrid
adamsediciones@adams.es
www.adams.es

ISBN: 978-84-1077-420-9
Depósito legal: M-12137-2025
Editado en junio de 2025
Imprime: Ediciones Valbuena, S.A.
Impreso en España. Printed in Spain

Presentación

Comprometidos por ofrecer una propuesta formativa ajustada a las necesidades de la sociedad y del mercado de trabajo, Ediciones Valbuena presenta este manual para la Especialidad formativa de **La firma digital**, perteneciente a la Familia profesional de **Informática y comunicaciones.**

Esta **Especialidad Formativa,** con una duración asociada de 20 horas, se integra en el Catálogo de especialidades con el código IFCM012PO.

En la elaboración de los contenidos hemos pretendido garantizar la **adquisición, mejora y actualización de las competencias profesionales** requeridas en el mercado laboral, así como fomentar el **aprendizaje**.

En nuestra página web **www.adams.es** estarás al día de todo en cuanto a información sobre cursos, productos y servicios se refiere, además tendrás la opción de dirigirnos cualquier consulta o sugerencia a través de **adams@adams.es**

Esperando haber cumplido el objetivo propuesto, te expresamos nuestros mejores deseos de éxito.

Ediciones Valbuena

ÍNDICE

Tests de unidades

ICONOS DE INFORMACIÓN

Recuerda

Definición

Ejemplo

Nota

Importante

Más información

Resumen

Lectura recomendada

Vocabulario

Audios

Marco legal

Actividad

UNIDAD DIDÁCTICA 1

Firma digital

Contenido & Objetivos

Introducción

1. El certificado digital

2. La firma electrónica

3. Incorporación de la sociedad a las NNTT de la Información y las Comunicaciones (TIC)

Resumen

Los **objetivos** de esta unidad son:

1. Conocer qué es, en qué consiste y cómo podemos obtener un certificado digital.

2. Saber que el elemento fundamental es la firma digital.

3. Ver la creación de los instrumentos capaces de acreditar la identidad de los intervinientes en las comunicaciones electrónicas y asegurar la procedencia y la integridad de los mensajes intercambiados, a través del Documento Nacional de Identidad electrónico.

Introducción

La obtención del **DNI electrónico** lleva asociada la correspondiente obtención de los **certificados electrónicos de autenticación y de firma electrónica**.

El certificado de autenticación tiene como finalidad garantizar electrónicamente la identidad del ciudadano al realizar una transacción telemática.

El propósito del certificado de firma es facilitar al ciudadano la firma de trámites o documentos; este certificado cualificado según ETSI, la RFC3739, el Reglamento (UE) 910/2014, de 23 de julio (eIDAS), relativo a la identificación electrónica y los servicios de confianza en las transacciones electrónicas en el mercado interior, y la Ley 6/2020, de 11 de noviembre, reguladora de determinados aspecto de los servicios electrónicos de confianza (deroga la Ley 59/2003, de 19 de diciembre, de firma electrónica, así como los preceptos incompatibles con el Reglamento eIDAS), permite sustituir la firma manuscrita por la electrónica en las relaciones del ciudadano con terceros.

1. El certificado digital

1.1. Concepto

En nuestro entorno, y con la finalidad de garantizar quién es el emisor y el receptor de un mensaje, existe la necesidad de la **identificación** en el ámbito virtual, resultando imprescindible la identificación electrónica como requisito básico para una Administración segura. Nos encontramos con antecedentes históricos como Internet y su problemática jurídica, desde el punto de vista de la seguridad y la regulación jurídica, hoy en día superados en gran parte, si bien en la vida ordinaria se le da un valor de entrada incuestionable a la firma manuscrita y reconocemos su validez de forma inmediata mediante la comprobación del Documento Nacional de Identidad o aquel que acredite que una persona es quien dice ser. La regulación actual de la firma electrónica en España va más allá, en la vida real son muchas las situaciones en las que es necesario:

⇨ Acreditar la autoría de documentos.

⇨ Dar conformidad al contenido de un documento y al inicio de un trámite.

⇨ Identificar a uno mismo y a terceros.

⇨ Asegurar la confidencialidad de comunicaciones y datos.

Estas situaciones se resuelven principalmente con herramientas como la firma manuscrita y los documentos acreditativos: DNI, pasaporte, etc. En la medida que el mundo electrónico es un reflejo del físico las necesidades de identificación, consentimiento, confidencialidad, etc., por tanto, es necesario incorporar **mecanismos** que realicen estas funciones:

1. Firma electrónica.

2. Certificados digitales.

3. Cifrado de datos y comunicaciones.

 Trámites online con las Administraciones Públicas, banca por Internet o móvil, facturación electrónica, etc.

Con estos mecanismos podemos conseguir:

⇨ **Autenticidad**: el emisor y/o receptor es quien dice ser.

⇨ **Integridad**: la información no ha sido modificada por alguien no autorizado.

⇨ **Confidencialidad**: la información no se revela a nadie no autorizado.

⇨ **No repudio**: emisor y/o receptor no pueden negar haber participado en la comunicación.

Es más, de lo que muchas veces conseguimos en el mundo físico.

La **firma electrónica o digital** es un conjunto de datos electrónicos que identifican a una persona en concreto. Se une al documento que se envía por medio telemático, como si de la firma tradicional y manuscrita se tratara, de esta forma el receptor del mensaje está seguro de quién ha sido el emisor, así como que el mensaje no ha sido alterado o modificado.

Un **certificado digital o certificado electrónico** es un archivo informático que ha sido generado y firmado electrónicamente por prestadores de servicios de confianza, manera que relaciona a una persona o entidad con este documento. Uno de los certificados digitales más utilizados en España es el de la Fábrica Nacional de Moneda y Timbre-Real Casa de la Moneda (FNMT).

El certificado digital de persona física le permitirá realizar trámites de forma segura con la Administración Pública y Entidades Privadas a través de Internet, como por ejemplo:

• Presentación y liquidación de impuestos.

• Presentación de recursos y reclamaciones.

- Cumplimentación de los datos del censo de población y viviendas.

- Consulta e inscripción en el padrón municipal.

- Consulta de multas de circulación.

- Consulta y trámites para solicitud de subvenciones.

- Consulta de asignación de colegios electorales.

- Actuaciones comunicadas.

- Firma electrónica de documentos y formularios oficiales.

1.2. Requisitos técnicos

Tradicionalmente, hemos buscado la emisión de mensajes de forma segura y que no sean interceptados por terceros. Los egipcios ya valoraban la encriptación de los mensajes mediante jeroglíficos; actualmente, la privacidad y los riesgos existentes por el acceso ilegítimo a la información hacen **imprescindible la incorporación de estos sistemas a nuestras comunicaciones**.

¿En qué consiste la criptografía?

Se trata de un conjunto de técnicas que permiten la **codificación de la información** de forma que solo pueda ser entendida por aquel a quien va dirigida.

Estas técnicas utilizan:

⇨ Una **clave secreta**.

⇨ Y **algoritmos**: pautas que indican cómo emplear esa clave para codificar la información.

A ese tipo de codificación de la información se le denomina **cifrado** y nos otorga confidencialidad.

Según el tipo de clave la criptografía se puede **clasificar** en:

⇨ **Criptografía simétrica**. Utiliza una única clave que deberán compartir el emisor y el receptor de la información.

⇨ **Criptografía asimétrica**. Utiliza dos claves:

- **Clave privada**: solo la ha de conocer el propietario.

- **Clave pública**: puede conocerla cualquiera.

15

Las dos claves están relacionadas de forma que:

⇨ Lo que se cifra con una solo se puede descifrar con la otra.

⇨ A partir de una no se puede obtener la otra.

Por lo tanto, la necesidad de la identificación en la actualidad hace imprescindible la implementación de estos sistemas, pero más avanzados, para ello necesitaremos un método de cifrado asimétrico, **un par de claves** (privada y pública).

A continuación, vemos el **procedimiento** de una función para el cálculo del *hash*, la SHA-1:

⇨ Partimos del mensaje original.

⇨ Se genera un resumen del mensaje representativo del mismo, con una función hash imposible de invertir. La función *hash* comprime un mensaje de longitud variable a uno de longitud fija y pequeña.

⇨ Este mensaje se cifra con la clave privada del usuario, enviando al destinatario tanto el mensaje original como el *hash* encriptado.

⇨ Cuando el destinatario recibe el mensaje firmado, hace un tratamiento doble.

⇨ Con respecto al mensaje original, calcula de nuevo el *hash* con el mismo método que en origen.

⇨ Con respecto al *hash*, lo descifra con la clave pública del usuario, con lo que tenemos otra vez el hash del documento.

⇨ Si el *hash* obtenido en recepción del documento original coincide con el descifrado que se generó en el emisor, podemos asegurar que todo el proceso de transmisión ha funcionado correctamente.

1.3. Obtención

Los certificados electrónicos se obtienen de **autoridades de certificación** o de los **prestadores de servicios de confianza**, por ejemplo, la ACCV (Agencia de Tecnología y Certificación Electrónica) o la Fábrica Nacional de Moneda y Timbre-Real Casa de la Moneda. En nuestro país hay innumerables prestadores de servicios de confianza de ámbito estatal, autonómico, privadas y profesionales. Dichas entidades actúan de terceros de confianza y garantizan la fiabilidad de la firma electrónica mediante el sistema de emisión y control de los certificados revocados.

Para obtener el certificado la persona física puede hacerlo de dos formas distintas: con acreditación presencial en una oficina (certificado software), o utilizando su DNIe (válido, no revocado, y disponiendo de lector).

A partir de ese instante se inicia un proceso de control del certificado emitido:

▶ **Período de validez**

⇨ Por motivos de seguridad los certificados tienen fecha de caducidad.

⇨ Es posible renovar un certificado antes de que caduque.

⇨ Antes de aceptar un certificado siempre se debe comprobar si está caducado o no:

- Normalmente los programas que utilizamos hacen esta comprobación por nosotros y si un certificado estuviera caducado nos lo indicarían.

- El periodo de validez de los certificados electrónicos será adecuado a las características y tecnología empleada para generar los datos de creación de firma. En el caso de los certificados reconocidos este periodo no podrá ser superior a cinco años.

La Ley 6/2020, de 11 de noviembre, reguladora de determinados aspectos de los servicios electrónicos de confianza, en su artículo 4 establece los requisitos de obtención de certificados de la siguiente forma:

1. Los certificados electrónicos se extinguen por caducidad a la expiración de su período de vigencia, o mediante revocación por los prestadores de servicios electrónicos de confianza en los supuestos previstos en el artículo siguiente.

2. El período de vigencia de los certificados cualificados no será superior a cinco años.

Dicho período se fijará en atención a las características y tecnología empleada para generar los datos de creación de firma, sello, o autenticación de sitio web.

▶ **Cómo comprobar la caducidad**

Dentro de la información del certificado figura la fecha en la que se emitió y la fecha en que deja de ser válido. Las razones por las que se **extingue un certificado** son las siguientes, según el artículo 5 de la Ley 6/2020, de 11 de noviembre, reguladora de determinados aspectos de los servicios electrónicos de confianza:

1. Los prestadores de servicios electrónicos de confianza extinguirán la vigencia de los certificados electrónicos mediante revocación en los siguientes supuestos:

a) Solicitud formulada por el firmante, la persona física o jurídica representada por este, un tercero autorizado, el creador del sello o el titular del certificado de autenticación de sitio web.

b) Violación o puesta en peligro del secreto de los datos de creación de firma o de sello, o del prestador de servicios de confianza, o de autenticación de sitio web, o utilización indebida de dichos datos por un tercero.

c) Resolución judicial o administrativa que lo ordene.

d) Fallecimiento del firmante; capacidad modificada judicialmente sobrevenida, total o parcial, del firmante; extinción de la personalidad jurídica o disolución del creador del sello en el caso de tratarse de una entidad sin personalidad jurídica, y cambio o pérdida de control sobre el nombre de dominio en el supuesto de un certificado de autenticación de sitio web.

e) Terminación de la representación en los certificados electrónicos con atributo de representante. En este caso, tanto el representante como la persona o entidad representada están obligados a solicitar la revocación de la vigencia del certificado en cuanto se produzca la modificación o extinción de la citada relación de representación.

f) Cese en la actividad del prestador de servicios de confianza salvo que la gestión de los certificados electrónicos expedidos por aquel sea transferida a otro prestador de servicios de confianza.

g) Descubrimiento de la falsedad o inexactitud de los datos aportados para la expedición del certificado y que consten en él, o alteración posterior de las circunstancias verificadas para la expedición del certificado, como las relativas al cargo.

h) En caso de que se advierta que los mecanismos criptográficos utilizados para la generación de los certificados no cumplen los estándares de seguridad mínimos necesarios para garantizar su seguridad.

i) Cualquier otra causa lícita prevista en la declaración de prácticas del servicio de confianza.

2. Los prestadores de servicios de confianza suspenderán la vigencia de los certificados electrónicos en los supuestos previstos en las letras a), c) y h) del apartado anterior, así como en los casos de duda sobre la concurrencia de las circunstancias previstas en sus letras b) y g), siempre que sus declaraciones de prácticas de certificación prevean la posibilidad de suspender los certificados.

3. En su caso, y de manera previa o simultánea a la indicación de la revocación o suspensión de un certificado electrónico en el servicio de consulta sobre el estado de validez o revocación de los certificados por él expedidos, el prestador de servicios electrónicos de confianza comunicará al titular, por un medio que acredite la entrega y recepción efectiva siempre que sea factible, esta circunstancia, especificando los motivos y la fecha y la hora en que el certificado quedará sin efecto.

En los casos de suspensión, la vigencia del certificado se extinguirá si transcurrido el plazo de duración de la suspensión, el prestador no la hubiera levantado.

2. La firma electrónica

2.1. Concepto

La firma electrónica o digital es un **conjunto de datos electrónicos que identifican a una persona** en concreto. Se une al documento que se envía por medio telemático, **como si de la firma tradicional y manuscrita se tratara**, de esta forma el receptor del mensaje está seguro de quién ha sido el emisor, así como que el mensaje no ha sido alterado o modificado.

Mediante la implementación de la firma electrónica se genera un documento electrónico que será soporte de:

a) Documentos públicos, por estar firmados electrónicamente por funcionarios que tengan legalmente atribuida la facultad de dar fe pública, judicial, notarial o administrativa, siempre que actúen en el ámbito de sus competencias con los requisitos exigidos por la Ley en cada caso.

b) Documentos expedidos y firmados electrónicamente por funcionarios o empleados públicos en el ejercicio de sus funciones públicas, conforme a su legislación específica.

c) Documentos privados.

Los documentos electrónicos con firma electrónica tendrán el valor y la eficacia jurídica que corresponda a su respectiva naturaleza, de conformidad con la legislación que les resulte aplicable.

El soporte en que se hallen los datos firmados electrónicamente será admisible como prueba documental en juicio. Si se impugnara la autenticidad de la firma electrónica reconocida con la que se hayan firmado los datos incorporados al documento electrónico, se procederá a comprobar que se trata de una firma electrónica avanzada basada en un certificado reconocido, que cumple todos los requisitos y condiciones establecidos para este tipo de certificados, así como que la firma se ha generado mediante un dispositivo seguro de creación de firma electrónica. No se negarán efectos jurídicos a una firma electrónica que no reúna los requisitos de firma electrónica reconocida en relación a los datos a los que esté asociada por el mero hecho de presentarse en forma electrónica.

El uso de un usuario y contraseña (firma electrónica simple) en banca electrónica.

Las Administraciones Públicas, con el objeto de salvaguardar las garantías de cada procedimiento, podrán establecer condiciones adicionales a la utilización de la firma electrónica en los procedimientos. Dichas condiciones podrán incluir, entre otras, la imposición de fechas electrónicas sobre los documentos electrónicos integrados en un expediente administrativo. Se entiende por fecha electrónica el conjunto de datos en forma electrónica utilizados como medio para constatar el momento en que se ha efectuado una actuación sobre otros datos electrónicos a los que están asociados.

Todos los sistemas de identificación y firma electrónica están previstos en la Ley de Procedimiento Administrativo Común de las Administraciones Públicas y en la Ley de Régimen Jurídico del Sector Público tendrán plenos efectos jurídicos.

Existen otros certificados electrónicos como los de personas jurídicas. Pueden solicitar certificados electrónicos de personas jurídicas sus administradores, representantes legales y voluntarios con poder bastante a estos efectos. Los certificados electrónicos de personas jurídicas no podrán afectar al régimen de representación orgánica o voluntaria regulado por la legislación civil o mercantil aplicable a cada persona jurídica.

La custodia de los datos de creación de firma asociados a cada certificado electrónico de persona jurídica o, en su caso, de los medios de acceso a ellos será responsabilidad de la persona física solicitante, cuya identificación se incluirá en el certificado electrónico. Los datos de creación de firma solo podrán ser utilizados cuando se admita en las relaciones que mantenga la persona jurídica con las Administraciones Públicas o en la contratación de bienes o servicios que sean propios o concernientes a su giro o tráfico ordinario. Asimismo, la persona jurídica podrá imponer límites adicionales, por razón de la cuantía o de la materia, para el uso de dichos datos que, en todo caso, deberán figurar en el certificado electrónico.

Se entenderán hechos por la persona jurídica los actos o contratos en los que su firma se hubiera empleado dentro de los límites previstos en el apartado anterior. Si la firma se utiliza transgrediendo los límites mencionados, la persona jurídica quedará vinculada frente a terceros solo si los asume como propios o se hubiesen celebrado en su interés. En caso contrario, los efectos de dichos actos recaerán sobre la persona física responsable de la custodia de los datos de creación de firma, quien podrá repetir, en su caso, contra quien los hubiera utilizado.

2.2. Tipos de firma electrónica

El Reglamento eIDAS (*Electronic IDentification, Authentication and trust Services* -Reglamento de la Unión Europea de firma electrónica-) enumera en su art. 3, entre otras, las siguientes definiciones:

- **Firma electrónica**: datos en formato electrónico anejos a otros datos electrónicos o asociados de manera lógica con ellos que utiliza el firmante para firmar.

- **Firma electrónica avanzada**: firma electrónica que cumple los requisitos de estar vinculada al firmante de manera única, permitir la identificación del firmante, haber sido creada utilizando datos de creación de la firma electrónica que el firmante puede utilizar con un alto nivel de confianza y bajo su control exclusivo, y estar vinculada con los datos firmados por la misma de modo tal que cualquier modificación ulterior de los mismos sea detectable.

- **Firma electrónica cualificada**: firma electrónica avanzada que se crea mediante un dispositivo cualificado de creación de firmas electrónicas y que se basa en un certificado cualificado de firma electrónica.

- **Certificado de firma electrónica**: declaración electrónica que vincula los datos de validación de una firma con una persona física y confirma, al menos, el nombre o el seudónimo de esa persona.

- **Certificado cualificado de firma electrónica**: certificado de firma electrónica expedido por un prestador cualificado de servicios de confianza y que cumple los requisitos establecidos en el anexo I del Reglamento.

- **Documento electrónico**: todo contenido almacenado en formato electrónico, en particular, texto o registro sonoro, visual o audiovisual.

Ejemplo de uso de comunicación segura con firma electrónica:

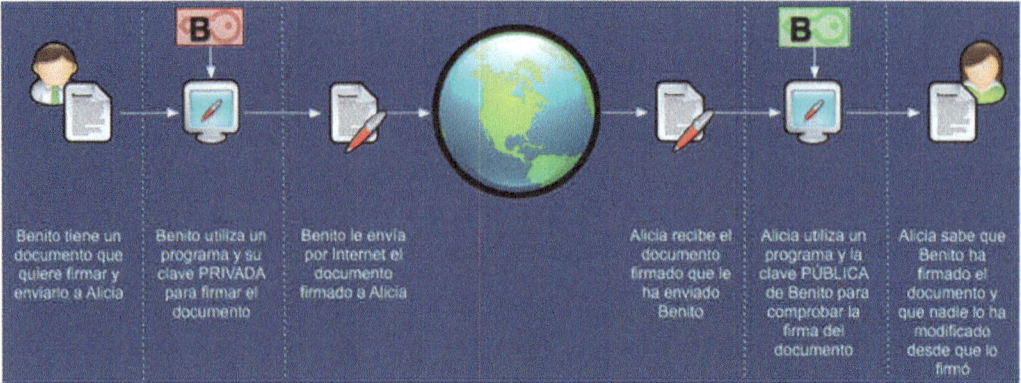

Los documentos electrónicos públicos, administrativos y privados, tienen el valor y la eficacia jurídica que corresponda a su respectiva naturaleza, de conformidad con la legislación que les resulte aplicable.

La prueba de los documentos electrónicos privados en los que se hubiese utilizado un servicio de confianza no cualificado se regirá por lo dispuesto en el art. 326.3 de la LEC. Si el servicio fuese cualificado, se estará a lo previsto en el apartado 4 del mismo precepto (art. 3 de la Ley 6/2020, de 11 de noviembre).

Además, Reglamento eIDAS garantiza la **equivalencia jurídica** entre la firma electrónica cualificada y la firma manuscrita, pero permite a los Estados miembros determinar los efectos de las otras firmas electrónicas y de los servicios electrónicos de confianza en general. En este aspecto, se modifica la regulación anterior al atribuir a los documentos electrónicos para cuya producción o comunicación se haya utilizado un servicio de confianza cualificado una ventaja probatoria. Se simplifica la prueba, pues basta la mera constatación de la inclusión del citado servicio en la lista de confianza de prestadores cualificados de servicios electrónicos del art. 22 del Reglamento.

2.3. Empleo de la firma electrónica en las Administraciones Públicas

Se aplicará al uso de la firma electrónica en el seno de las Administraciones Públicas, sus organismos públicos y las entidades dependientes o vinculadas a las mismas y en las relaciones que mantengan aquellas y estos entre sí o con los particulares.

Cada Administración Pública determinará los sistemas de firma electrónica que debe utilizar su personal, los cuales podrán identificar de forma conjunta al titular del puesto de trabajo o cargo y a la Administración u órgano en la que presta sus servicios. Por razones de seguridad pública los sistemas de firma electrónica podrán referirse sólo el número de identificación profesional del empleado público.

El término autenticidad hace referencia a la cualidad de lo auténtico, lo acreditado como cierto. Lo auténtico es lo verdadero, no falso, por coincidir la realidad con la apariencia, desde el punto de vista formal, no respecto del contenido. Es decir, auténtico será aquel documento que se ha creado por una persona u órgano conocido y que no ha sido manipulado para simular otra cosa.

Una de las novedades más importantes de la Ley 39/2015 es la separación entre identificación y firma electrónica y la simplificación de los medios para acreditar una u otra, de modo que, con carácter general, solo será necesaria la primera y se exigirá la segunda cuando deba acreditarse la voluntad y consentimiento del interesado.

¿Qué sistemas podemos encontrar?

⇨ **Sistemas de identificación de los interesados en el procedimiento**

Las Administraciones Públicas están obligadas a verificar la identidad de los interesados en el procedimiento administrativo, mediante la comprobación de su nombre y apellidos o denominación o razón social, según corresponda, que consten en el Documento Nacional de Identidad o documento identificativo equivalente.

Los interesados podrán identificarse electrónicamente ante las Administraciones Públicas a través de los sistemas siguientes:

a) Sistemas basados en certificados electrónicos cualificados de firma electrónica expedidos por prestadores incluidos en la "Lista de confianza de prestadores de servicios de certificación".

b) Sistemas basados en certificados electrónicos cualificados de sello electrónico expedidos por prestadores incluidos en la "Lista de confianza de prestadores de servicios de certificación".

c) Cualquier otro sistema que las Administraciones públicas consideren válido en los términos y condiciones que se establezca, siempre que cuenten con un registro previo como usuario que permita garantizar su identidad y previa comunicación a la Secretaría General de Administración Digital del Ministerio de Asuntos Económicos y Transformación Digital. Esta comunicación vendrá acompañada de una declaración responsable de que se cumple con todos los requisitos establecidos en la normativa vigente. De forma previa a la eficacia jurídica del sistema, habrán de transcurrir dos meses desde dicha comunicación, durante los cuales el órgano estatal

competente por motivos de seguridad pública podrá acudir a la vía jurisdiccional, previo informe vinculante de la Secretaría de Estado de Seguridad, que deberá emitir en el plazo de diez días desde su solicitud.

Las Administraciones Públicas deberán garantizar que la utilización de uno de
los sistemas previstos en las letras a) y b) sea posible para todo procedimiento,
aun cuando se admita para ese mismo procedimiento alguno de los previstos
en la letra c).

En relación con los sistemas de identificación previstos en la letra c) del apartado anterior, se establece la obligatoriedad de que los recursos técnicos necesarios para la recogida, almacenamiento, tratamiento y gestión de dichos
sistemas se encuentren situados en territorio de la Unión Europea, y en caso
de tratarse de categorías especiales de datos a los que se refiere el artículo 9
del Reglamento (UE) 2016/679, del Parlamento Europeo y del Consejo, de 27 de
abril de 2016, relativo a la protección de las personas físicas en lo que respecta
al tratamiento de datos personales y a la libre circulación de estos datos y por
el que se deroga la Directiva 95/46/CE, en territorio español. En cualquier caso,
los datos se encontrarán disponibles para su acceso por parte de las autoridades judiciales y administrativas competentes.

Los datos a que se refiere el párrafo anterior no podrán ser objeto de transferencia a un tercer país u organización internacional, con excepción de los que
hayan sido objeto de una decisión de adecuación de la Comisión Europea o
cuando así lo exija el cumplimiento de las obligaciones internacionales asumidas por el Reino de España.

En todo caso, la aceptación de alguno de estos sistemas por la Administración
General del Estado servirá para acreditar frente a todas las Administraciones
Públicas, salvo prueba en contrario, la identificación electrónica de los intere-
sados en el procedimiento administrativo.

⇨ **Sistemas de firma admitidos por las Administraciones Públicas**

Los interesados podrán firmar a través de cualquier medio que permita acreditar la autenticidad de la expresión de su voluntad y consentimiento, así como la
integridad e inalterabilidad del documento.

En el caso de que los interesados optarán por relacionarse con las Administraciones Públicas a través de medios electrónicos, se considerarán válidos a efectos de firma:

a)   Sistemas de firma electrónica cualificada y avanzada basados en certifi-
     cados electrónicos cualificados de firma electrónica expedidos por pres-
     tadores incluidos en la "Lista de confianza de prestadores de servicios de
     certificación".

b) Sistemas de sello electrónico cualificado y de sello electrónico avanzado basados en certificados electrónicos cualificados de sello electrónico expedidos por prestador incluido en la "Lista de confianza de prestadores de servicios de certificación"

c) Cualquier otro sistema que las Administraciones Públicas consideren válido en los términos y condiciones que se establezca, siempre que cuenten con un registro previo como usuario que permita garantizar su identidad y previa comunicación a la Secretaría General de Administración Digital del Ministerio de Asuntos Económicos y Transformación Digital. Esta comunicación vendrá acompañada de una declaración responsable de que se cumple con todos los requisitos establecidos en la normativa vigente. De forma previa a la eficacia jurídica del sistema, habrán de transcurrir dos meses desde dicha comunicación, durante los cuales el órgano estatal competente por motivos de seguridad pública podrá acudir a la vía jurisdiccional, previo informe vinculante de la Secretaría de Estado de Seguridad, que deberá emitir en el plazo de diez días desde su solicitud.

Las Administraciones Públicas deberán garantizar que la utilización de uno de los sistemas previstos en las letras a) y b) sea posible para todos los procedimientos en todos sus trámites, aun cuando adicionalmente se permita alguno de los previstos al amparo de lo dispuesto en la letra c).

En relación con los sistemas de firma previstos en la letra c) del apartado anterior, se establece la obligatoriedad de que los recursos técnicos necesarios para la recogida, almacenamiento, tratamiento y gestión de dichos sistemas se encuentren situados en territorio de la Unión Europea, y en caso de tratarse de categorías especiales de datos a los que se refiere el artículo 9 del Reglamento (UE) 2016/679, del Parlamento Europeo y del Consejo, de 27 de abril de 2016, en territorio español. En cualquier caso, los datos se encontrarán disponibles para su acceso por parte de las autoridades judiciales y administrativas competentes.

Los datos a que se refiere el párrafo anterior no podrán ser objeto de transferencia a un tercer país u organización internacional, con excepción de los que hayan sido objeto de una decisión de adecuación de la Comisión Europea o cuando así lo exija el cumplimiento de las obligaciones internacionales asumidas por el Reino de España.

Cuando así lo disponga expresamente la normativa reguladora aplicable, las Administraciones Públicas podrán admitir los sistemas de identificación contemplados en esta Ley como sistema de firma cuando permitan acreditar la autenticidad de la expresión de la voluntad y consentimiento de los interesados.

Cuando los interesados utilicen un sistema de firma de los previstos en este artículo, su identidad se entenderá ya acreditada mediante el propio acto de la firma.

2.4. El DNI electrónico

2.4.1. Introducción

El Documento Nacional de Identidad (DNI), emitido por la **Dirección General de la Policía** (Ministerio del Interior), es el documento personal e intransferible que **acredita**, desde hace más de 50 años, la **identidad**, los **datos personales** que en él aparecen y la **nacionalidad** española de su titular, que goza de la protección que a los documentos públicos y oficiales otorgan las leyes.

A lo largo de su vida, ha ido evolucionado e incorporando las innovaciones tecnológicas disponibles en cada momento, con el fin de aumentar tanto la seguridad del documento como su ámbito de aplicación. Con la llegada de la sociedad de la información y la generalización del uso de Internet se hace necesario adecuar los mecanismos de acreditación de la personalidad a la nueva realidad y disponer de un instrumento eficaz que traslade al mundo digital las mismas certezas con las que operamos cada día en el mundo físico y que, esencialmente, son:

⇨ Acreditar electrónicamente y de forma indubitada la identidad de la persona.

⇨ Firmar digitalmente documentos electrónicos, otorgándoles una validez jurídica equivalente a la que les proporciona la firma manuscrita.

Para responder a estas necesidades nace el **Documento Nacional de Identidad electrónico** (DNIe), similar al tradicional y cuya principal novedad es que incorpora un pequeño circuito integrado (chip), capaz de guardar de forma segura información y de procesarla internamente. Debido a los cambios en la sociedad de la información, la Dirección General de la Policía lanzó en 2015 el **DNI 3.0**, cuya principal novedad es la incorporación de un chip con interfaz dual, permitiendo la conexión a través de hardware, así como de forma inalámbrica mediante NFC *(Near Field Comunication)*.

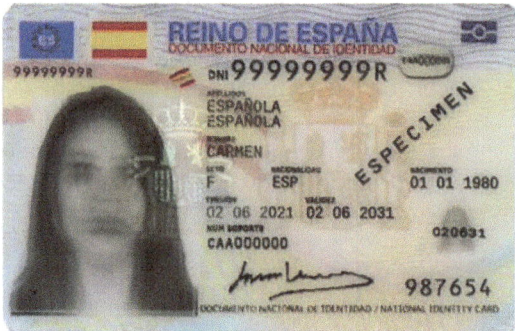

Para poder incorporar este chip, el Documento Nacional de Identidad cambia su soporte tradicional (cartulina plastificada) por una tarjeta de material plástico, dotada de nuevas y mayores medidas de seguridad. Esta **nueva versión** nos permite, además de su uso tradicional, acceder a los nuevos servicios de la sociedad de la información, que amplían nuestras capacidades de actuar a distancia con las Administraciones Públicas, con las empresas y con otros ciudadanos.

Podemos utilizarlo para:

⇨ Realizar compras **firmadas** a través de Internet.

⇨ Hacer **trámites completos** con las Administraciones Públicas a cualquier hora y sin tener que desplazarse ni hacer colas.

⇨ Realizar **transacciones seguras** con entidades bancarias.

⇨ **Acceder** al edificio donde trabajamos.

⇨ Utilizar de **forma segura nuestro ordenador personal.**

⇨ Participar en una **conversación por Internet** con la certeza de que nuestro interlocutor es quien dice ser.

A) Utilidades

El DNI electrónico es una oportunidad para acelerar la implantación de la sociedad de la información en España y situarnos entre los países más avanzados del mundo en la utilización de las tecnologías de la información y de las comunicaciones, lo que, sin duda, redundará en beneficio de todos los ciudadanos.

Tal y como recoge la Declaración de Prácticas de Certificación del DNI, los certificados electrónicos podrán utilizarse como:

• **Medio de autenticación de la identidad**: el Certificado de Autenticación *(Digital Signature)* asegura al titular, en la comunicación electrónica, acreditar su identidad frente a cualquiera.

• **Medio de firma electrónica de documentos**: mediante la utilización del Certificado de Firma *(non Repudition)*, el receptor de un mensaje firmado electrónicamente puede verificar la autenticidad de esa firma, pudiendo de esta forma demostrar la identidad del firmante sin que este pueda repudiarlo.

• **Medio de certificación de Integridad de un documento**: permite comprobar que el documento no ha sido modificado por ningún agente externo a la comunicación.

• **Documento de viaje**: tiene una estructura de datos equivalente al pasaporte. Puede realizar funciones de documento de viaje en los países que lo acepten como tal, y se permite su uso en los pasos rápidos de frontera (ABC systems) de forma totalmente equivalente a un pasaporte.

B)   DNI 4.0 o Europeo

El DNI 3.0 ha actualizado su versión y se ha adaptado al nuevo estandarte europeo incorporando novedades interesantes en cuanto a la seguridad, imagen, usabilidad y portabilidad llevando su desarrollado al nuevo DNI electrónico 4.0, lo que permitirá homologar su diseño y algunas funciones en todos los países de la Unión Europea.

En agosto de 2021 se presentó oficialmente el nuevo **DNI 4.0. o DNI Europeo**, tras la aprobación del Reglamento (UE) 2019/1157, de 20 de junio, que acredita física y digitalmente la identidad personal del titular y permite la firma electrónica de documentos. Se ha establecido como fecha límite para la renovación el 3 de agosto de 2031.

Como novedades destacadas en cuanto a su aspecto físico, incorpora la denominación National Identity Card (DNI en inglés), incorpora la bandera de la UE junto a la del país emisor, y la foto es mayor.

El DNI 4.0 incorpora **ventajas digitales**, puesto que unas de sus novedades es que podrá ser llevado en el teléfono móvil. Además, su nuevo microchip puede almacenar electrónicamente la foto, firma y huellas dactilares, e incorpora tecnología contactless.

 Marco legal aplicable:

- **Reglamento (UE) nº 910/2014 del Parlamento Europeo y del Consejo**, de 23 de julio de 2014, relativo a la identificación electrónica y los servicios de confianza para las transacciones electrónicas en el mercado interior y por la que se deroga la Directiva 1999/93/CE.

- **Ley 6/2020**, de 11 de noviembre, reguladora de determinados aspectos de los servicios electrónicos de confianza.

- **Ley Orgánica 3/2018**, de 5 de diciembre, de Protección de Datos Personales y garantía de los derechos fundamentales.

- **Reglamento (UE) 679/2016**, de 27 de abril, relativo a la protección de las personas físicas en lo que respecta al tratamiento de datos personales y a la libre circulación de estos datos.

- **Real Decreto 255/2025**, de 1 de abril, por el que se regula el Documento Nacional de Identidad.

2.4.2.   Proceso de expedición

El ciudadano que desee obtener su DNI electrónico, y por tanto los certificados asociados, deberá acudir a una **Oficina de Expedición del DNI electrónico**.

A determinadas localidades sin Comisaría de Policía suele acudir un equipo móvil que se instala en el Ayuntamiento. Los ciudadanos residentes en estas localidades, y en localidades próximas, podrán obtener o renovar el DNI aportando los mismos documentos que en los equipos fijos. A los Ayuntamientos a los que se desplaza el equipo móvil les serán comunicadas, con la debida antelación, las fechas señaladas para las visitas al objeto de que, por los mismos, sean difundidas a los ciudadanos.

¿Qué se necesita para solicitarlo?

El Documento Nacional de Identidad se tramitará, en su formato físico y digital, conforme a la Ley 39/2015, de 1 de octubre, del Procedimiento Administrativo Común de las Administraciones Públicas. El Ministro de Interior, a través de la Dirección General de la Policía, recibirá la asistencia y colaboración requerida para su cumplimiento.

En este proceso se cumplirán los siguientes requisitos:

a)   La tramitación del Documento Nacional de Identidad se realizará con la presencia física de la persona, a través de los sistemas de cita previa, en atención a los recursos humanos y materiales disponibles, igualmente, se podrá expedir con carácter excepcional sin cita previa, así como en colaboración con otras Administraciones Estatales, Autonómicas o Locales.

b)   En caso de menores de edad, se llevará a cabo en presencia de quien tenga encomendada la patria potestad o tutela, medida de apoyo, o persona apoderada por estas últimas.<

c)   La expedición o cualquier otro trámite relacionado con el Documento Nacional de Identidad conllevará el abono de la tasa legalmente establecida, sin perjuicio de las exenciones de tasas establecidas en conformidad con la legislación vigente.

d)   Los documentos necesarios para la expedición del Documento Nacional de Identidad por primera vez, serán recabados electrónicamente, salvo que la persona interesada se opusiera a ello. Excepcionalmente, si las administraciones públicas no pudieran recabar los citados documentos, podrán solicitar nuevamente al interesado su aportación.

Los documentos necesarios para la expedición son los siguientes:

1.   El documento acreditativo del Registro Individual de la persona que solicita el documento.

Se consultará por la Dirección General de Policía, por medios electrónicos, la base de datos del Registro Civil, de conformidad con lo establecido en la Ley 20/2011, de 21 de julio, del Registro Civil, y la Ley 6/2021, de 28 de abril, por la que se modifica la Ley 20/2011, de 21 de julio, del Registro Civil, a los efectos de obtención del Registro Individual de la persona que solicita el documento de los datos necesarios para la expedición del Documento Nacional de Identidad.

2. Certificado o volante de empadronamiento del Ayuntamiento donde la persona solicitante tenga su domicilio, expedido con una antelación máxima de tres meses a la fecha de la tramitación del Documento Nacional de Identidad.

3. Las personas con nacionalidad española residentes en el extranjero acreditarán el domicilio mediante certificación de la Representación Diplomática o Consular donde estén inscritos como residentes, expedida con una antelación máxima de tres meses a la fecha de la tramitación del Documento Nacional de Identidad.

4. Una fotografía reciente del rostro de la persona solicitante en color, tamaño 32 por 26 milímetros, con fondo uniforme blanco y liso, tomada de frente, con la cabeza totalmente descubierta y sin gafas de cristales oscuros o cualquier otra prenda que pueda impedir o dificultar la identificación de la persona. Dicha fotografía podrá ser realizada de forma automatizada en aquellas Unidades de Documentación dotadas de ese recurso técnico.

e) Excepcionalmente, en los supuestos en los que, por circunstancias ajenas a la persona solicitante, no pudiera ser presentado alguno de los documentos necesarios o recabados electrónicamente, y siempre que los datos que consten en tales documentos se acrediten por otros medios, suficientes a juicio de la persona responsable de la Unidad encargada de la expedición, esta, estará facultada para expedir un Documento Nacional de Identidad con validez restringida, de conformidad con lo expuesto en el artículo 7.2.b).

f) El Documento Nacional de Identidad incluirá un medio de almacenamiento de alta seguridad que contendrá una imagen facial del titular del documento. Igualmente, se incluirán dos impresiones dactilares en formatos digitales interoperables, a excepción de los menores de seis años. Se tomarán las impresiones dactilares de los dedos índices de ambas manos a la persona interesada. Si no fuere posible obtener la impresión dactilar de alguno de los dedos o de ambos, se sustituirá, en relación con la mano que corresponda, por otro dedo según el siguiente orden de prelación: medio, anular o pulgar; consignándose, en el lugar del soporte destinado a tal fin, el dedo utilizado, o la imposibilidad de obtener alguno de ellos. Las personas a las que sea físicamente imposible quedarán exentas del requisito de facilitarlas.

g) Se recogerá igualmente, la firma manuscrita digitalizada que constará al menos de alguno de los siguientes elementos, nombre, apellidos, letras contenidas en estos y la rúbrica. Quedan excluidas las firmas que reflejen dibujos, pictogramas, figuras, caricaturas, acrónimos, leyendas o cualquier elemento que no guarde relación con su identidad, con los datos que figuren en el DNI ni sirvan para su identificación.

¿Qué debe hacer el solicitante?

En el momento de la solicitud, al interesado se le recogerán las **impresiones dactilares** de los dedos índices de ambas manos. Si no fuere posible obtener la impresión dactilar de alguno de los dedos o de ambos, se sustituirá, en relación con la mano que corresponda, por otro dedo según el siguiente orden de prelación: medio, anular o pulgar; consignándose, en el lugar del soporte destinado a tal fin, el dedo utilizado, o la imposibilidad de obtener alguno de ellos.

Finalizada la fase de gestión documental y la personalización física de la tarjeta, comenzará la fase de personalización lógica con la carga de datos en el chip de la tarjeta soporte (datos de filiación, imágenes digitalizadas de fotografía y de firma manuscrita, plantillas de las impresiones dactilares de un dedo de cada mano) y con la generación de los pares de claves asociados a los certificados de identidad y firma electrónica.

Una vez generadas las claves, se enviará una solicitud de certificación para cada par de claves (autenticación y firma), que irá acompañada de la prueba de posesión de la clave privada.

Todos los datos relacionados con el registro de certificación quedarán registrados en el sistema central, firmados con un certificado de firma electrónica que tiene como titular al funcionario responsable del puesto de expedición.

Los **españoles que, residiendo en el extranjero**, soliciten les sea expedido un Documento Nacional de Identidad deberán aportar, además de los mencionados, los siguientes documentos:

⇨ Partida de nacimiento expedida por el Consulado o Registro Civil donde esté inscrito, tal como se hace para todos los casos.

⇨ Certificado de acreditación de residencia, expedido a los solos efectos de obtener el DNI, por el Consulado español en donde figura inscrito, en el que se haga constar el número de inscripción Consular, país de residencia, localidad, calle y número en donde en dicho país esté domiciliado.

Los titulares de documentos expedidos con domicilio en el extranjero, tan pronto trasladen su residencia a España, aun cuando se trate de expediciones con validez permanente, deberán renovar dicho documento a efectos de actualización de domicilio.

2.4.3. Uso, expedición y seguridad

Además de lo visto hasta ahora, hemos de saber que su tamaño, por tanto, coincide con las dimensiones de las tarjetas de crédito comúnmente utilizadas (85,60 mm de ancho X 53,98 mm de alto).

¿Qué elementos contiene?

⇨ **Anverso**

En el anverso de la tarjeta se encuentran los siguientes elementos:

- Número y carácter de verificación personal e intransferible del Documento Nacional de Identidad.

- Apellidos y nombre.

- Fecha de nacimiento.

- Sexo.

- Nacionalidad.

- Emisión del documento.

- Validez.

- Número de soporte.

- Fotografía digitalizada.

- Firma manuscrita digitalizada.

⇨ **Reverso**

El reverso de la tarjeta contiene los siguientes elementos:

- Domicilio.

- Lugar de nacimiento.

- Nombre de los progenitores.

- Número de Equipo de la Unidad de Documentación.

- Tres líneas MRZ que contienen 30 caracteres OCR-B cada una.

- Chip electrónico.

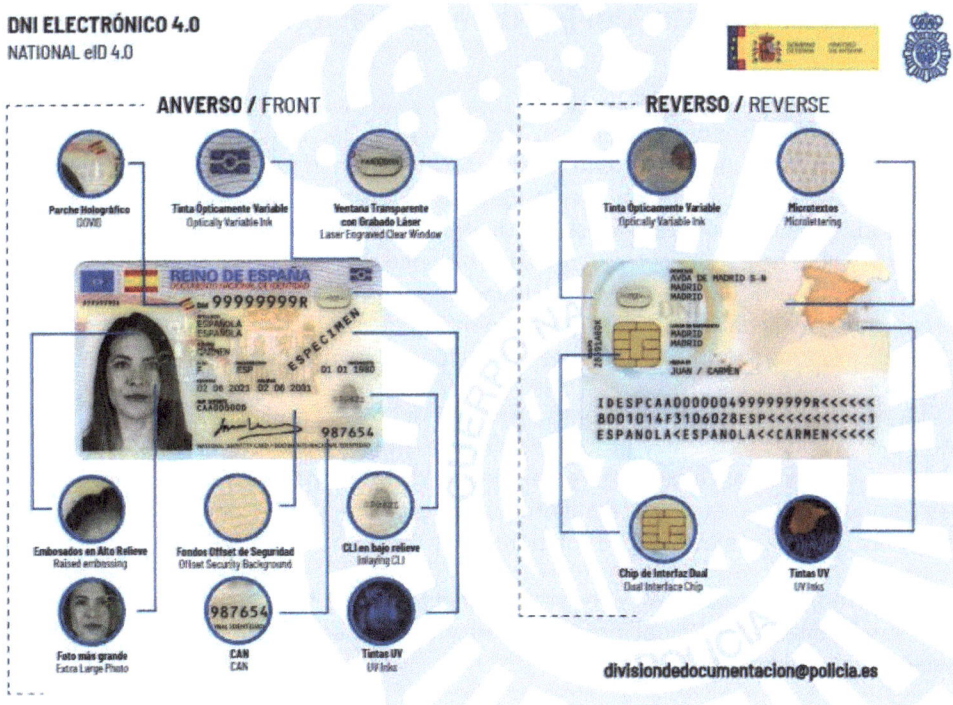

⇨ **Elementos de seguridad**

La tarjeta soporte contiene un chip, como medio de almacenamiento de alta seguridad, donde se integran de forma separada:

1. Los certificados electrónicos cualificados que funcionan con un dispositivo cualificado de creación de firma electrónica, conforme al Reglamento (UE) 910/2014 del Parlamento Europeo y del Consejo, de 23 de julio de 2014, modificado por el Reglamento (UE) 2024/1183 del Parlamento Europeo y del Consejo, de 11 de abril de 2024, y de acuerdo con la Ley 6/2020, de 11 de noviembre, reguladora de determinados aspectos de los servicios electrónicos de confianza, garantizando la identidad del titular de la clave privada de identificación y firma, permitiendo la generación de la firma electrónica avanzada y cualificada. El Ministerio para la Transformación Digital y de la Función Pública, será el órgano de supervisión del cumplimiento de las obligaciones establecidas a la Dirección General de la Policía.

2. La fotografía, los datos personales del titular del documento y las dos impresiones dactilares en formatos digitales interoperables.

El plazo de validez de los certificados electrónicos contenidos en el Documento Nacional de Identidad será de dos años.

2.5. Versión digital del Documento Nacional de Identidad

2.5.1. Objetivos

El 2 de abril de 2025, se publicó en el BOE el Real Decreto 255/2025, de 1 de abril, por el que se regula el Documento Nacional de Identidad, que tiene como objeto la regulación del proceso de expedición, gestión y desarrollo del Documento Nacional de Identidad, en sus versiones física y digital, cuya finalidad es que la identidad de las personas debe establecerse dentro de un marco de seguridad jurídica que permita el reconocimiento y actuación de la ciudadanía de manera individual, y garantice la protección de sus derechos, desarrollando mecanismos de identificación y autenticación que proporcionen seguridad en sus relaciones con el sector público y privado.

La necesidad de que las personas se identifiquen por medios electrónicos con las Administraciones Públicas y el sector privado, simplificando el acceso a los mismos, debe ser proporcional al refuerzo en el empleo de las tecnologías de la información y las comunicaciones, tanto para mejorar la eficiencia de su gestión como para potenciar y favorecer las relaciones de colaboración y cooperación entre ellas.

Asimismo, esta necesidad consiste en incrementar la transparencia de la identificación y facilitar la participación de las personas en la administración electrónica del sector público y privado.

De igual forma, persigue garantizar un servicio de identificación fácilmente utilizable de modo que se pueda conseguir que la relación de la ciudadanía con la Administración sea fácil, intuitiva y efectiva cuando use el Documento Nacional de Identidad, en cualquiera de sus formatos, físico, electrónico o digital.

Por último, busca mejorar la seguridad jurídica, para garantizar a todas las personas intervinientes que sirva a los objetivos de mejorar la eficiencia administrativa para hacer efectiva una identificación totalmente electrónica o digital y garantizar a la ciudadanía servicios digitales fácilmente utilizables con una identificación con el Documento Nacional de Identidad de forma segura, en consonancia con el resto del ordenamiento jurídico nacional y de la Unión Europea.

2.5.2. Aspectos generales

El Ministerio del Interior, a través de la Dirección General de la Policía, será el responsable de la versión digital del Documento Nacional de Identidad, que se realizará a través de una infraestructura de identificación electrónica con un dispositivo móvil.

La Dirección General de la Policía establecerá una actuación administrativa automatizada para la obtención de la versión digital del Documento Nacional de Identidad, de manera electrónica, telemática o presencial, teniendo de forma alternativa la misma finalidad que el formato físico para la identificación de las personas.

El Documento Nacional de Identidad en su versión digital se generará siempre que la persona titular disponga de su documento físico vigente. Permitirá tener acceso a sus datos personales, usarlos y gestionarlos de forma segura, independientemente de su ubicación. La versión digital tendrá los mismos plazos de validez que la versión física, indicados en el artículo 7.

La utilización del Documento Nacional de Identidad en su versión digital tendrá la misma eficacia jurídica a efectos de identificación. Permitirá acreditar la identidad ante las autoridades, sus agentes y funcionarios públicos, así como en las relaciones con las Administraciones Públicas y con el sector privado.

El funcionamiento de la versión digital consiste en virtualizar el Documento Nacional de Identidad en el dispositivo móvil, a través de una comunicación segura, sin que se comprometa la garantía de la identidad segura que la legislación vigente atribuye al Documento Nacional de Identidad.

2.5.3. Qué es y cómo activarlo

El DNI digital se implantará en dos fases. Desde el 2 de abril de 2025, es posible utilizarlo en el móvil gracias a la **aplicación MiDNI**, que es libre y gratuita.. El usuario podrá identificarse de forma presencial con este documento, que tiene la misma validez que el DNI en formato físico, pero no podrá acreditar su identidad a través de Internet hasta el año 2026.

Las entidades pertenecientes al sector público y privado deberán adoptar en el plazo de doce meses desde esa fecha, las medidas necesarias para el buen funcionamiento de la versión digital del Documento Nacional de Identidad. Tras ese periodo transitorio de un año, la aplicación permitirá acreditar la identidad del ciudadano para realizar gestiones telemáticas, firma electrónica y otras operaciones a través de Internet.

¿Cómo obtener el DNI digital en tu teléfono móvil?

1º　Regístrate por una de estas vías:

A) Online
en *www.midni.gob.es*
con tu **DNI electrónico**
y **lector de tarjetas.**

B) Presencial
en comisaría, utilizando un PAD*
o en Unidades de Documentación
de la Policía Nacional.

2º　Descarga la App MiDNI

Android　　　　　　　MIDNI　　　　　　　**iOS**

3º　Activa tu DNI digital

1. Introduce en la App
tu nº de DNI y el nº de soporte.**

2. Crea una **contraseña**
o elige algún **mecanismo biométrico.**

3. Inserta el **código de verificación**
que recibirás a través de un SMS.

* PAD: Puesto de Actualización de Documentación.
Es un dispositivo provisto de una pantalla táctil y de un teclado.

** Nº de soporte: código alfanumérico que identifica el documento físico.
Aparece en el anverso del DNI, debajo de la fecha de nacimiento.

⇨ **Para qué sirve**

El DNI digital se utiliza igual que el físico, no lo sustituye. El titular podrá acreditar su identidad para realizar trámites presenciales, ya sean jurídicos o administrativos, ante cualquier Administración Pública o entidad privada como, por ejemplo, ejercer su derecho al voto, relacionarse con los bancos, justificar su mayoría de edad, registrarse en un hotel, alquilar un vehículo, recoger paquetes o acceder a locales de espectáculos.

⇨ **Ventajas**

El DNI digital favorece la relación del titular con la Administración Pública y con el sector privado. El ciudadano no necesita llevar siempre el DNI físico y puede mostrar solo determinados datos del documento digital.

La App MiDNI incorporará el DNI en el móvil de su titular y genera un código QR que puede leerse mediante un dispositivo de captura. Solo se le solicitarán los datos que sea necesario verificar, por lo que se favorece la privacidad.

⇨ **Cómo obtenerlo**

Es necesario disponer de un **DNI en vigor** y de un **teléfono móvil** y completar dos fases: registrarse y descargar la App.

Registro previo: para poder utilizar la aplicación hay que **asociar el móvil al DNI en la plataforma oficial del Cuerpo Nacional de Policía**. El registro vincula la identidad del ciudadano a un único número de teléfono móvil. El dispositivo debe permitir la descarga de la aplicación MiDNI. Para realizar el registro es necesario que el DNI se encuentre en vigor y sus certificados electrónicos activos. Esta activación se puede realizar:

- Por Internet si el usuario dispone de DNI electrónico, a través de la web www.midni.gob.es, mediante un lector de tarjetas y las claves en vigor. Al introducir el DNI y acreditar la identidad obtiene un código por SMS para que pueda registrar su número de teléfono personal y asociarlo a su identidad.

- En cualquier comisaría de Policía utilizando un Puesto de Actualización de Documentación (PAD). El ciudadano debe introducir sus datos y su número de móvil y le llegará un SMS de registro.

- En las Unidades de Documentación de la Policía Nacional al ir a renovar el DNI. Un expedidor le ayudará a obtener el código de registro para asociarlo a su número de teléfono personal.

⇨ **Datos que muestra**

Una vez descargada, el usuario ya puede acceder a la aplicación y desbloquearla mediante la contraseña o biometría (imagen facial o huella dactilar). Al realizar la consulta, el titular del DNI podrá decidir qué datos quiere mostrar en función del uso que le quiera dar y del fin de la verificación de la identidad. Por seguridad, los datos solo permanecerán en pantalla durante un tiempo limitado.

Si quiere mostrar sus datos, deberá pulsar el botón 'Mostrar tu DNI' y aparecerá una nueva pantalla con tres opciones:

1. **DNI EDAD**: en esta opción se activará un código QR que acredita la mayoría de edad del portador e incluye su foto.

2. **DNI SIMPLE**: genera un código QR más detallado con el nombre completo, su foto, la fecha de nacimiento, el sexo y la validez del documento.

3. **DNI COMPLETO**: nos avisa antes de generar el correspondiente código QR de que vamos a compartir todos los datos del DNI.

En los tres casos, el código QR aparecerá durante unos segundos en pantalla y solo será válido durante ese periodo de tiempo. El código ha sido generado por Policía Nacional y garantiza que los datos son auténticos. La información se puede leer, pero no se puede copiar.

⇨ **Caducidad**

En la misma fecha que el DNI físico. Cuando el titular renueva el DNI físico, tiene que volver a activar el digital en su móvil.

3. Incorporación de la sociedad a las NNTT de la Información y las Comunicaciones (TIC)

3.1. Cuestiones generales

Hoy por hoy la sociedad se caracteriza por el uso generalizado de las **Tecnologías de la Información y la Comunicación (TIC)** en todas las actividades humanas y por una fuerte tendencia a la globalización económica y cultural.

El impacto que conlleva el nuevo marco globalizado del mundo actual y sus imprescindibles y poderosas herramientas TIC, provoca una profunda revolución en todos los ámbitos sociales.

Estamos ante una nueva cultura que:

⇨ Supone nuevas formas de ver y entender el mundo que nos rodea.

⇨ Ofrece nuevos sistemas de comunicación interpersonal de alcance universal.

⇨ Informa de "todo".

⇨ Proporciona medios para viajar con rapidez a cualquier lugar e instrumentos tecnificados para realizar nuestros trabajos.

⇨ Presenta nuevos valores y normas de comportamiento.

Este nuevo tipo de sociedad, que trata de definir las peculiaridades de una nueva era propiciada por los avances de las Tecnologías de la Información y la Comunicación, surge de la confluencia de cuatro importantes aspectos:

1. La relevancia que adquiere el conocimiento como factor determinante de la prosperidad y la calidad de vida.

2. El fenómeno de la globalización.

3. La facilidad con la que la tecnología posibilita el intercambio de información a velocidades y volúmenes cada vez mayores.

4. El grado con el que la cooperación informal a través de estructuras de redes, está reemplazando estructuras sociales y educativas más formales.

3.2. Aportaciones

Las aportaciones de las nuevas tecnologías a la actividad humana son:

1. Fácil acceso a todo tipo de información, especialmente a través de la televisión e Internet.

2. Comunicación instantánea con personas de cualquier parte del mundo. Incluso el idioma deja de ser una barrera, ya que, a través de programas informáticos, o en Internet, podemos encontrar traductores que nos trasladan la información en segundos al idioma que deseemos. Con el uso de los equipos adecuados se puede captar cualquier información y convertirla a cualquier formato para almacenarla o distribuirla.

3. Internet nos permite hacer casi todo lo que hacemos en el mundo real, en una realidad virtual.

4. Nos permite desarrollar nuevas actividades, contactar con foros y personas de todo el mundo, localizar inmediatamente cualquier tipo de información.

Esta evolución exige de todos los ciudadanos nuevas competencias personales, sociales y profesionales para poder afrontar los continuos cambios que imponen en todos los ámbitos los rápidos avances de la ciencia y la nueva economía global.

En esta unidad hemos visto:

1. El DNI electrónico es una tarjeta de un material plástico (concretamente policarbonato), que incorpora un chip con información digital y que tiene unas dimensiones idénticas a las del DNI tradicional. Su tamaño, por tanto, coincide con las dimensiones de las tarjetas de crédito comúnmente utilizadas (85,60 mm de ancho X 53,98 mm de alto).

2. La firma electrónica es el conjunto de datos en forma electrónica, consignados junto a otros o asociados con ellos, que pueden ser utilizados como medio para identificar al firmante. Al menos debe tener las mismas características que la firma manuscrita:

    a) Firmar un documento supone reconocer su contenido, que no puede modificarse con posterioridad (integridad).

    b) En un documento firmado debe poderse verificar con certeza la identidad del firmante (autenticidad).

    c) Nadie puede negar haber firmado un documento ante la evidencia de la firma (no repudio).

3. Un certificado digital o certificado electrónico es un archivo informático que ha sido generado y firmado electrónicamente por una entidad prestadora de servicios de certificación, de tal manera que relaciona a una persona o entidad con este documento y que viene normalmente apoyado en un trámite de presencialidad. Uno de los certificados digitales más utilizados en España es el de la Fábrica Nacional de Moneda y Timbre (FNMT), que permite identificarnos fehacientemente ante las administraciones españolas para presentar impuestos, declaraciones, etc.

UNIDAD DIDÁCTICA 2

Contenido y alcance

Contenido & Objetivos

Introducción

1. Los orígenes de Internet

2. Efectos de las TIC en la Sociedad de la Información

3. Otras cuestiones relevantes

Resumen

Los **objetivos** de esta unidad son:

1. Descubrir los elementos más básicos de la Sociedad de la Información.

2. Saber qué es la Administración electrónica.

3. Conocer la legislación imprescindible para la aplicación y el uso de la Administración electrónica.

Introducción

Internet se ha convertido en un vehículo de transmisión e intercambio de todo tipo de información. Su incorporación a la vida económica y social ofrece innumerables ventajas, como la mejora de la eficiencia empresarial, el incremento de las posibilidades de elección de los usuarios y la aparición de nuevas fuentes de empleo, entre muchas otras.

1. Los orígenes de Internet

Como muchos de los inventos realizados por el ser humano, Internet surgió del ingenio militar.

⇨ **Estamos en los años 60**. En plena guerra fría y como consecuencia del fortalecimiento del comunismo, las Fuerzas Aéreas de Estados Unidos pidieron a un reducido grupo de investigadores que creara una red de comunicaciones militares que pudiera resistir un ataque nuclear. Esta red debía estar descentralizada, de manera que pudiera seguir funcionando aunque se destruyeran uno o varios equipos. Así, en el hipotético caso de un ataque ruso, se podría tener acceso a la información militar desde cualquier punto del país.

⇨ **Más adelante, en agosto de 1969**, y ya al margen del proyecto militar, ARPA (Agencia de Proyectos de Investigación Avanzados) creó la red experimental ARPANET cuyo fin era conectar cuatro universidades. Actualmente, ARPANET es considerada la precursora de Internet. Dos años después, ya contaba con unos 40 ordenadores conectados. Tanto fue el crecimiento de la red que su sistema de comunicación se quedó obsoleto. Entonces dos investigadores crearon el Protocolo TCP/IP, que se convirtió en el estándar de comunicaciones dentro de las redes informáticas (actualmente seguimos utilizando dicho protocolo).

⇨ **En 1971**, Ray Tomlinson desarrolló un nuevo medio de comunicación: el correo electrónico. El contenido del primer correo electrónico fue: **QWERTYUIOP**.

⇨ **Para 1980** en el Centro Europeo de Investigaciones Nucleares **(CERN), Tim Berners Lee** dirigía la búsqueda de un sistema de almacenamiento y recuperación de datos. Berners Lee diseñó un sistema de navegación de hipertexto y desarrolló, con la ayuda de Robert Cailliau, un software denominado Enquire para la navegación.

⇨ **En 1985** la Internet ya era una tecnología establecida, aunque conocida por unos pocos.

⇨ El desarrollo de la red fue tal que **hacia el año 1990** ya contaba con alrededor de 100.000 servidores.

A finales de 1990, Berners Lee terminó el protocolo **HTTP** (Protocolo de transferencia de hipertexto) y el protocolo **HTML** (Lenguaje de marcado de hipertexto) para navegar por las redes a través de hipervínculos. **Así nació la World Wide Web**.

La nueva fórmula permitía vincular información en forma lógica y a través de las redes. El contenido se programaba en un lenguaje de hipertexto con "etiquetas" que asignaban una función a cada parte del contenido. Luego, un programa de computación, un intérprete, era capaz de leer esas etiquetas para desplegar la información. Ese intérprete sería conocido como **"navegador"** o *"browser"*.

⇨ **En 1993** Marc Andreesen produjo la primera versión del navegador **"Mosaic"**, que permitió acceder con mayor naturalidad a la WWW. La interfaz gráfica iba más allá de lo previsto y la facilidad con la que podía manejarse el programa abría la red a los legos. Poco después Andreesen encabezó la creación del programa **Netscape**.

A partir de entonces Internet comenzó a crecer más rápido que otro medio de comunicación, convirtiéndose en lo que hoy todos conocemos. Internet ha supuesto una revolución sin precedentes en el mundo de la informática y de las comunicaciones. Los inventos del telégrafo, teléfono, radio y ordenador sentaron las bases para esta integración de capacidades nunca antes vivida.

 Internet es a la vez una oportunidad de difusión mundial, un mecanismo de propagación de la información y un medio de colaboración e interacción entre los individuos y sus ordenadores independientemente de su localización geográfica.

2. Efectos de las Tecnologías de la Información y las Comunicaciones (TIC) en la Sociedad de la Información

2.1. Introducción

Nos encontramos, de un tiempo a esta parte, con una **transformación** del entorno en el que nos relacionamos.

¿Cómo se ha producido esa transformación?

⇨ Mediante una evolución de lo físico a lo virtual, la introducción de las nuevas tecnologías transformado la relación del hombre con el trabajo y la forma de relacionarse entre sí.

⇨ La aparición de los ordenadores supuso un salto cualitativo en cuanto a la optimización de recursos materiales y humanos, se han ido perfeccionando dentro de un entorno físico aumentando la producción y los resultados.

⇨ Pero la mayor revolución la ha aportado Internet, que poco a poco se ha ido incorporando. Superados los miedos y la inseguridad que generaba en la sociedad, hoy en día nadie se plantea la vida sin la existencia de Internet.

Nos hemos encontrado que la realidad superaba a la ficción y a la normativa. Actualmente nos comunicamos en tiempo real, realizamos transacciones comerciales a través de Internet, existe una deslocalización de los negocios, cualquier empresa con presencia en Internet puede vender sus productos a cualquier cliente potencial esté donde esté, por ello, los estados han realizado un gran esfuerzo en legislar y normativizar todo cuanto ha ido aconteciendo. Prueba de ello es la Directiva 2000/31/CE, del Parlamento Europeo y del Consejo, de 8 de junio, relativa a determinados aspectos de los servicios de la sociedad de la información, en particular, el comercio electrónico en el mercado interior (Directiva sobre el comercio electrónico), que incorpora parcialmente la Directiva 98/27/CE, del Parlamento Europeo y del Consejo, de 19 de mayo, relativa a las acciones de cesación en materia de protección de los intereses de los consumidores, al regular, de conformidad con lo establecido en ella.

2.2. ¿Qué significa?

Lo que la Directiva 2000/31/CE denomina "Sociedad de la Información" viene determinado por la **extraordinaria expansión de las redes de telecomunicaciones** y, en especial, de **Internet como vehículo de transmisión e intercambio de todo tipo de información**. Su **incorporación a la vida económica y social** ofrece innumerables ventajas, como la mejora de la eficiencia empresarial, el incremento de las posibilidades de elección de los usuarios y la aparición de nuevas fuentes de empleo.

Un concepto amplio es el de "servicios de la sociedad de la información", que engloba, además de la contratación de bienes y servicios por vía electrónica, el suministro de información por dicho medio (como el que efectúan los periódicos o revistas que pueden encontrarse en la Red), las actividades de intermediación relativas a la provisión de acceso a la Red, a la transmisión de datos por redes de telecomunicaciones, a la realización de copia temporal de las páginas de Internet solicitadas por los usuarios, al alojamiento en los propios servidores de información, servicios o aplicaciones facilitados por otros o a la provisión de instrumentos de búsqueda o de enlaces a otros sitios de Internet, así como cualquier otro servicio que se preste a petición individual de los usuarios (descarga de archivos de vídeo o audio...), siempre que represente una actividad económica para el prestador. Estos servicios son ofrecidos por los operadores de telecomunicaciones, los proveedores de acceso a Internet, los portales, los motores de búsqueda o cualquier otro sujeto que disponga de un sitio en Internet a través del que realice alguna de las actividades indicadas, incluido el comercio electrónico.

Si acudimos a la Real Academia Española de la Lengua no figura como término. La normativa española habla continuamente de la sociedad de la información, pero no la define exactamente, en definitiva podemos decir que es la **fluidez de información mediante cualquier medio de comunicación**, que permite al ciudadano, a la empresa y la Administración Pública estar informados y tener acceso a la información independientemente de la naturaleza de esta, utilizando todos los medios de transmisión entre el emisor y el receptor, incluso del propio objeto. Sin duda es la que nos permite estar en contacto con el resto del mundo entendido como una realidad global, que nos permite comunicarnos desde cualquier lugar los 365 días del año.

Que se encuentre indefinida responde a que hoy se encuentra en fase de desarrollo y madurez. Podemos afirmar que afecta diversos ámbitos tradicionales como el comercio, la seguridad, los sistemas de pago, las transacciones jurídicas, los derechos de autor, la protección de los datos, Internet, la propiedad intelectual, el transporte, etc. Responde a la necesidad de comunicación entre las personas facilitando no solo la comunicación sino las transacciones económicas.

2.3. Definición y evolución de las TIC

 Se denominan **Tecnologías de la Información y las Comunicaciones (TIC)** al conjunto de tecnologías que permiten la adquisición, producción, almacenamiento, tratamiento, comunicación, registro y presentación de informaciones contenidas en señales de naturaleza acústica, óptica o electromagnética.

Las TIC forman parte de la cultura tecnológica que nos rodea y con la que convivimos de manera cada vez más natural. El uso extensivo y cada vez más integrado de las TIC es una característica y factor de cambio de la sociedad actual.

Las TIC son causa y consecuencia de las transformaciones estructurales que favorecen la transición de las sociedades industrializadas del mundo globalizado a sociedades de la información.

Todas las personas, sin ningún tipo de distinción, tendrán el poder efectivo de crear, recibir, compartir y utilizar la información y el conocimiento en cualquier medio de información, prescindiendo de las fronteras. Es decir, todas las personas que tengan acceso a las tecnologías, lo cual dependerá, en buena medida, de sus condiciones económico-sociales particulares.

2.4. Aportaciones y dificultades de las TIC

Desde su implantación, las TIC proporcionan a la sociedad una serie de **avances**:

1. **Fácil acceso a todo tipo de información**

   Sobre cualquier tema y en cualquier formato (textual, icónico, sonoro), especialmente a través de la televisión e Internet, pero también mediante el acceso a las numerosas colecciones de discos, bases de datos fotográficas, vídeos, etc.

2. **Instrumentos para todo tipo de proceso de datos**

   Los sistemas informáticos, integrados por ordenadores, periféricos y programas, nos permiten realizar cualquier tipo de proceso de datos de manera rápida y fiable: escritura y copia de textos, cálculos, creación de bases de datos, tratamiento de imágenes, etc. Para ello disponemos de programas especializados: procesadores de textos, editores gráficos, hojas de cálculo, gestores de bases de datos, editores de presentaciones multimedia y de páginas web.

3. **Canales de comunicación inmediata**

   Sincrónica y asíncrona, para difundir información y contactar con cualquier persona o institución del mundo mediante la edición y difusión de información en formato web, el correo electrónico, los servicios de mensajería inmediata, los fórums telemáticos, las videoconferencias...

4. **Almacenamiento de grandes cantidades de información**

   En pequeños soportes de fácil transporte (discos, tarjetas, redes).

5. **Automatización de tareas**

   Mediante la programación de las actividades que queremos que realicen los ordenadores, que constituyen el cerebro y el corazón de todas las TIC. Esta es una de las características esenciales de los ordenadores, que en definitiva son "máquinas que procesan automáticamente la información siguiendo las instrucciones de unos programas".

47

6. **Interactividad**

Los ordenadores nos permiten "dialogar" con programas de gestión, videojuegos, materiales formativos multimedia, sistemas expertos específicos, etc. Esta interacción es una consecuencia de que los ordenadores sean máquinas programables y sea posible definir su comportamiento determinando las respuestas que deben dar ante las distintas acciones que realicen ante ellos los usuarios.

7. **Homogeneización de los códigos**

Empleados para el registro de la información mediante la digitalización de todo tipo de información: textual, sonora, icónica y audiovisual. Con el uso de los equipos adecuados se puede captar cualquier información, procesarla y finalmente convertirla a cualquier formato para almacenarla o distribuirla.

8. **Instrumento cognitivo**

Que potencia nuestras capacidades mentales y permite el desarrollo de nuevas maneras de pensar.

Por su parte, la implantación de las TIC presenta una serie de **frenos**:

a) **Problemáticas técnicas**: incompatibilidades entre diversos tipos de ordenador y sistemas operativos, el ancho de banda disponible para Internet, la velocidad de los procesadores para realizar algunas tareas.

b) **Falta de formación**: se va avanzando en este aspecto, pero subsiste la necesidad de que la sociedad en general posea unos conocimientos teóricos y prácticos, aptitudes y actitudes favorables a la utilización de estas nuevas herramientas (alfabetización en TIC).

c) **Problemas de seguridad**: circunstancias como el riesgo de que se produzcan accesos no autorizados a los ordenadores de las empresas que están conectados a Internet y el posible robo de los códigos de las tarjetas de crédito al comprar en las tiendas virtuales, frena la expansión del comercio electrónico y de un mayor aprovechamiento de las posibilidades de la Red.

d) **Barreras económicas**: a pesar del progresivo abaratamiento de los equipos y programas informáticos, su precio aún resulta prohibitivo para muchas familias. Además, su rápido proceso de obsolescencia aconseja la renovación de los equipos y programas cada cuatro o cinco años.

e) **Barreras culturales**: el idioma dominante en este aspecto es el inglés, en el que vienen muchas referencias e informaciones de Internet y, aunque se avanza también en este aspecto, queda camino por recorrer; la tradición en el uso de instrumentos tecnológicos avanzados (inexistente en muchos países poco desarrollados), etc.

2.5. Integración de las TIC

Las TIC agrupan un conjunto de sistemas necesarios para administrar la información, y especialmente los ordenadores y programas necesarios para convertirla, almacenarla, administrarla, transmitirla y encontrarla.

La integración de las TIC en la sociedad de la información se realiza a través de tres elementos:

⇨ **Sociedad**: las personas en cada una de sus actividades son los verdaderos protagonistas de esta nueva era. Los beneficios de la tecnología para la competitividad de las empresas y la calidad de vida de las personas son indudables, lo que está impulsando una aceleración de nuevos cambios y avances. Si definimos el factor multiplicador para la sociedad como el número de veces que una tecnología ha mejorado los resultados frente a los procedimientos anteriores, la combinación de los tres anteriores elementos genera un factor multiplicador jamás imaginado.

⇨ **Información**: en la sociedad actual, cada vez son más relevantes aquellos conocimientos que requieren un determinado modelo mental y unos procesos basados en la creatividad, las ideas y la innovación. Es importante aquella información que es de difícil transmisión y comunicación, dado que se basa en la experiencia y en el saber hacer.

⇨ **Tecnología**: si hubiese que definirla con un único vértice del triángulo, la mayoría de nosotros elegiríamos el de la tecnología. Sin embargo, la espectacular evolución tecnológica no debe hacernos olvidar que se trata simplemente de un instrumento de la era de la información que evoluciona en conexión con el resto de elementos.

Las TIC, fruto del desarrollo científico, influyen a su vez en su evolución, contribuyendo al desarrollo socioeconómico y modificando el sistema de valores vigente.

3. Otras cuestiones relevantes

3.1. Los ciudadanos y la Administración electrónica

La Ley 11/2007, de 22 de junio, de Acceso Electrónico de los Ciudadanos a los Servicios Públicos, supuso el empuje imprescindible para que las Administraciones y los ciudadanos puedan beneficiarse de la evolución de las tecnologías de la información. Además, gracias a esa evolución, es posible consagrar un nuevo derecho para el ciudadano, que no es otro que el poder relacionarse con las Administraciones por medios telemáticos.

Sin duda, constituyó una revolución en la concepción tradicional de relación con la Administración Pública. El ciudadano puede relacionarse con la Administración Pública desde cualquier espacio, solo necesita una conexión a Internet para consultar o realizar cualquier trámite. Esta ventaja es desconocida, pero a medida que los ciudadanos la vayan conociendo, nos podemos olvidar del vuelva usted mañana, pues podremos comunicarnos con la Administración los 365 días del año sin coste alguno, todo lo contrario evitaremos pedir permisos laborales para realizar trámites administrativos, suspender vacaciones por la entrega de una documentación en plazo.

En el entorno actual, la tramitación electrónica no puede ser todavía una forma especial de gestión de los procedimientos, sino que debe constituir la actuación habitual de las Administraciones. Porque una Administración sin papel basada en un funcionamiento íntegramente electrónico no solo sirve mejor a los principios de eficacia y eficiencia, al ahorrar costes a ciudadanos y empresas, sino que también refuerza las garantías de los interesados. En efecto, la constancia de documentos y actuaciones en un archivo electrónico facilita el cumplimiento de las obligaciones de transparencia, pues permite ofrecer información puntual, ágil y actualizada a los interesados.

⇨ **Creación marco jurídico**

La aplicación de las técnicas informáticas y electrónicas en el procedimiento administrativo, y en el resto de aspectos de relación del ciudadano con la Administración, no debe quedar en una mera transcripción o transposición de los procedimientos, sino todo debe ser **objeto de revisión** y sometido a un nuevo análisis desde el punto de vista de la innovación y la modernización que las nuevas técnicas ofrecen.

En ese contexto, la Ley se justificó en la creación de un **marco jurídico** que facilitaba la extensión y utilización de estas tecnologías. El principal reto que tiene la implantación de las Tecnologías de la Información y las Comunicaciones (TIC), en la sociedad en general y en la Administración en particular, es la generación de confianza suficiente que elimine o minimice los riesgos asociados a su utilización. La desconfianza nace de la percepción, muchas veces injustificada, de una mayor fragilidad de la información en soporte electrónico, de posibles riesgos de pérdida de privacidad y de la escasa transparencia de estas tecnologías.

En el entorno actual, la tramitación electrónica no puede ser todavía una forma especial de gestión de los procedimientos, sino que debe constituir la actuación habitual de las Administraciones. Una Administración sin papel basada en un funcionamiento íntegramente electrónico no solo sirve mejor a los principios de eficacia y eficiencia, al ahorrar costes a ciudadanos y empresas, sino que también refuerza las garantías de los interesados. En efecto, la constancia de documentos y actuaciones en un archivo electrónico facilita el cumplimiento de las obligaciones de transparencia, pues permite ofrecer información puntual, ágil y actualizada a los interesados.

⇨ **Novedades legislativas y legislación actual**

Por otra parte, la regulación de esta materia venía adoleciendo de un **problema de dispersión normativa y superposición de distintos regímenes jurídicos** no siempre coherentes entre sí, de lo que es muestra la sucesiva aprobación de normas con incidencia en la materia.

Ante este escenario legislativo, fue necesaria la aprobación de la Ley 39/2015, de 1 de octubre, del Procedimiento Administrativo Común de las Administraciones Públicas que profundiza en la agilización de los procedimientos con un pleno funcionamiento electrónico. Todo ello revertirá en un mejor cumplimiento de los principios constitucionales de eficacia y seguridad jurídica que deben regir la actuación de las Administraciones Públicas.

Una de las novedades más importantes de esta Ley es la implantación de una Administración Pública íntegramente electrónica e interconectada, facilitando las relaciones electrónicas de los ciudadanos y las empresas con la Administración, así como las comunicaciones electrónicas entre las Administraciones.

La Ley 39/2015, de 1 de octubre, deroga, entre otras, la citada Ley 11/2007, de 22 de junio (excepto aquellas previsiones relativas al registro electrónico de apoderamientos, registro electrónico, punto de acceso general electrónico de la Administración y archivo único electrónico, que han permanecido en vigor hasta el 2 de abril de 2021, cuando han quedado derogadas por el Real Decreto 203/2021, de 30 de marzo, por el que se aprueba el Reglamento de actuación y funcionamiento del sector público por medios electrónicos).

3.2. El papel de la ciudadanía en la Administración electrónica

Con el paso de los años, la administración electrónica está cada vez más consolidada en la sociedad española. La creación del entonces Ministerio de Energía, Turismo y Agenda Digital en noviembre del 2016 permitió avanzar aún más en la eAdministración. Así se demuestra con los datos recogidos en el informe de "La Sociedad en

RED" del **Observatorio Nacional de las Telecomunicaciones y de la Sociedad de la Información (ONTSI)**

Analizaremos de qué punto partimos, para ello resulta imprescindible analizar el número de usuarios que actualmente acceden a un equipo informático y cuántos de estos acceden a Internet según las fuentes del Ministerio anteriormente citado.

Según el informe de 2022, a nivel global, España ocupa el puesto 7 de los 27 UE, por delante de países como Alemania, Francia o Italia. Destaca la posición de España en el ámbito de la Administración electrónica, y, además, mejora en dos posiciones su ranking en los Servicios Públicos Digitales.

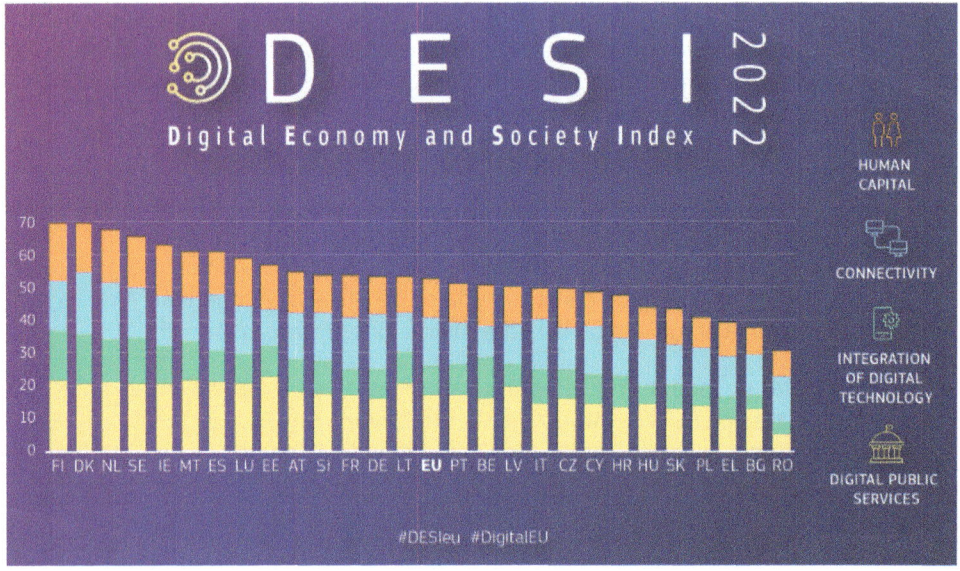

Existen numerosas razones por las que los españoles con necesidad de enviar algún formulario cumplimentado a las Administraciones Públicas aún no lo hacen a través de Internet. Entre ellas destacan el hecho de que lo tramitará otra persona en su nombre, por falta de habilidades o conocimientos, por estar preocupado por la protección y seguridad de los datos personales y por no disponer de firma o certificado electrónico.

No obstante, también podrán relacionarse los usuarios con otros canales de acceso establecidos en el art. 4 del Real Decreto 203/2021, de 30 de marzo, por el que se aprueba el Reglamento de actuación y funcionamiento del sector público por medios electrónicos, tales como los siguientes canales:

a) Presencial, a través de las oficinas de asistencia que se determinen.

b) Portales de internet y sedes electrónicas.

c)   Redes sociales.

d)   Telefónico.

e)   Correo electrónico.

f)   Cualquier otro canal que pueda establecerse de acuerdo con lo previsto en el art. 12 de la Ley 39/2015, de 1 de octubre.

Las Administraciones Públicas **asistirán en el uso de medios electrónicos** a los interesados no incluidos en los apartados 2 y 3 del art. 14 LPAC que así lo soliciten, especialmente en lo referente a la identificación y firma electrónica, presentación de solicitudes a través del registro electrónico general y obtención de copias auténticas.

Asimismo, si alguno de estos interesados no dispone de los medios electrónicos necesarios, su identificación o firma electrónica en el procedimiento administrativo podrá ser válidamente realizada por un funcionario público mediante el uso del sistema de firma electrónica del que esté dotado para ello. En este caso, será necesario que el interesado que carezca de los medios electrónicos necesarios se identifique ante el funcionario y preste su consentimiento expreso para esta actuación, de lo que deberá quedar constancia para los casos de discrepancia o litigio.

La Administración General del Estado, las Comunidades Autónomas y las Entidades Locales mantendrán actualizado un registro, u otro sistema equivalente, donde constarán los funcionarios habilitados para la identificación o firma regulada en este artículo. Estos registros o sistemas deberán ser plenamente interoperables y estar interconectados con los de las restantes Administraciones Públicas, a los efectos de comprobar la validez de las citadas habilitaciones.

En este registro o sistema equivalente, al menos, constarán los funcionarios que presten servicios en las oficinas de asistencia en materia de registros.

Sin duda, se abren puertas a **otras formas de relación con la Administración**. Claros son los esfuerzos realizados por la Administración para acercar a los ciudadanos a la ella, pero siempre desde la perspectiva de la figura del administrado, es imprescindible crear los mecanismos o vehículos válidos para que los ciudadanos puedan relacionarse con sus representantes democráticos en todo momento, y no solo a través del voto electrónico, establecer los cauces para lograr una participación activa de los ciudadanos en las instituciones y determinar los medios para que lleguen a los órganos democráticos de representación popular. Un ejemplo de ello lo tenemos en el Proyecto de Ley de Participación Ciudadana que está desarrollando en los diferentes puntos de nuestro país utilizando nuevas herramientas tecnológicas como Internet, blogs, foros y correo electrónico.

Se abre un debate en nuestra sociedad con el fin de aplicar las nuevas tecnologías en nuestra vida política, Internet supone una oportunidad para contribuir a una mayor participación de los ciudadanos, lo que no implica una participación instantánea, todo lo contrario, el objetivo es facilitar la toma de decisiones políticas en grupo, de otra forma supondría una paralización del ejercicio de gobierno, por lo tanto, habrá que diferenciar dos conceptos como son la e-democracia del e-gobierno. Tal como comentábamos anteriormente, la mayoría de las acciones radican desde la perspectiva de la aplicación de los recursos TIC a la Administración y el gobierno de los territorios, siendo un fin en sí, la agilidad de los procedimientos administrativos y la información al ciudadano de sus obligaciones y derechos, pero siempre desde la perspectiva del administrado.

Existen ejemplos de compromiso por parte de algunas Administraciones, decididas a crear los puentes necesarios para que la participación de la ciudadanía sea mayor, es el caso del anteproyecto de Ley de Participación Ciudadana de la Comunitat Valenciana que permite a los ciudadanos una comunicación recíproca y permite manifestar las iniciativas y sugerencias a los poderes públicos, así como garantizar el acceso a la información. Dicho anteproyecto prevé tanto la creación de espacios físicos como digitales, para poder hacer efectivos estos derechos del ciudadano, estableciendo sistemas de participación ciudadana.

La figura más interesante es el **jurado ciudadano** cuya función es valorar el resultado de una iniciativa concreta o un programa de actuación. Queda pendiente de realizar su desarrollo reglamentario, pero resultaría de lo más interesante que este sistema se apoyara en las nuevas tecnologías de forma que el ciudadano pudiera evaluar de forma directa las actuaciones de nuestra clase política, aunque si bien es cierto que el anteproyecto regula esta figura en un Tribunal compuesto por diez ciudadanos seleccionados por el órgano que haya llevado la iniciativa, incorporándose su informe a las memorias anuales de los distintos organismos.

Debemos analizar la situación actual desde la perspectiva que se merece, en 25 años, nuestra democracia ha evolucionado de una forma ostensiblemente notable incorporando las nuevas tecnologías del medio industrial a la vida social. Tal vez desde la madurez de nuestra sociedad y democracia, sea el momento de incorporar los avances de los recursos TIC en la misma y que el ciudadano pueda participar de una forma directa en la Administración del Estado mediante la utilización de sistemas telemáticos. La democracia no consiste en ser informados por nuestros representantes de las actuaciones que realicen, sino en que el ciudadano dentro de sus posibilidades pueda incidir de una forma más directa en la Administración de los recursos del Estado.

3.3.   Servicios web. Entornos de colaboración dirigidos a la ciudadanía

La web, al igual que Internet, ha ido evolucionando fuertemente, desde la **Web 1.0 original**: pasando por la **Web 2.0 o social** que fue la primera gran evolución, permitiendo el intercambio de información entre los distintos usuarios mediante redes sociales y blogs; la **Web 3.0 o semántica**, que cambia el cómo se accede a la información, y permite realizar búsquedas más precisas y mejorar la experiencia de los consumidores; la **Web 4.0 cerebral**, predictiva o activa, que actualiza e indexa la red, incorpora red móvil, accesibilidad, métodos predictivos, etc.; y la **Web 5.0 o sensorial** emotiva que incorpora emociones mediane dispositivos y herramientas que permitan reconocer sensaciones.

▶ **Web 3.0 o semántica**

La Web 3.0 es el término utilizado para describir una red informática en la que todos los datos están conectados y en la que todas las máquinas procesan el contenido de igual forma que los humanos, en la que los usuarios pueden interactuar mediante lenguaje natural y acceder al contenido de manera muy sencilla mientras que las máquinas interpretan el software procesando las peticiones con rapidez.

Se basa en ser una gran base de datos ordenada, comprensible y de fácil acceso. Se caracteriza por un acceso mucho más rápido y seguro, así como por una personalización con filtrado automático que evita contenidos no deseados.

▶ **Web 4.0 cerebral, predictiva o activa**

Hoy en día, los asistentes del mundo virtual (Cortana, Siri, Alexa, Google now...) constan de sistemas de aprendizaje automatizado y tienen un mayor entendimiento del lenguaje cotidiano.

Es la propia red la que propone acciones de forma contextual, basadas en nuestras preferencias.

▶ **Web 5.0 o sensorial emotiva**

- Ventajas:

  ⇨ Comunicación más sencilla.

  ⇨ Interactuación con muchas personas de cualquier parte.

  ⇨ Buscar información es más sencillo.

  ⇨ Posibilidad de contrastar grandes cantidades de información.

- Inconvenientes:

  ⇨ Gran resolución necesaria para usar todas las barras.

  ⇨ No hay nuevas facilidades respecto de la versión anterior.

Entre las distintas herramientas que se utilizan para compartir en la Web, se pueden destacar:

1. **Wikis**: un wiki, o una wiki, es un sitio cuyas páginas web pueden ser editadas por múltiples voluntarios a través del navegador. Los usuarios pueden crear, modificar o borrar un mismo texto que comparten. Wikipedia sería un buen ejemplo.

2. **Blogs**: un blog es un espacio web personal en el que su autor (puede haber varios autores autorizados) recopila cronológicamente textos o artículos, apareciendo primero el más reciente, donde el autor conserva siempre la libertad de dejar publicado lo que crea pertinente. Pero además es un espacio colaborativo donde los lectores también pueden escribir sus comentarios a cada uno de los artículos (entradas/post) que ha realizado el autor. La blogosfera es el conjunto de blogs que hay en Internet. Como servicio para la creación de blogs destacan WordPress y Blogger.

3. **Redes sociales**: sitios web donde cada usuario tiene una página donde publica contenidos y se comunica con otros usuarios. Ejemplos: Facebook, X, Instagram, entre otras. También existen redes sociales profesionales, dirigidas a establecer contactos dentro del mundo empresarial (LinkedIn, Xing...).

4. **Entornos para compartir recursos**: entornos que nos permiten almacenar recursos o contenidos en Internet, compartirlos y visualizarlos cuando nos convenga. Constituyen una inmensa fuente de recursos y lugares donde publicar materiales para su difusión mundial. Existen de **diversos tipos**, según el contenido que albergan o el uso que se les da:

   • **Documentos**: Google Drive y Office Web Apps (OneDrive), en los cuales podemos subir nuestros documentos, compartirlos y modificarlos.

   • **Videos**: YouTube, Vimeo... Contienen miles de vídeos subidos y compartidos por los usuarios.

   • **Fotos**: Picasa, Flickr, Instagram... Permiten disfrutar y compartir las fotos, al igual que tenemos la oportunidad de organizar las fotos con etiquetas, separándolas por grupos como si fueran álbumes, podemos seleccionar y guardar aparte las fotos que no queremos publicar.

   • **Almacenamiento online**: Google Drive.

   • **Presentaciones**: Prezi, Slideshare, Emaze.

   • **Plataforma educativa**: Moodle.

   • **Entornos para compartir conocimientos o trabajo colaborativo**: por ejemplo, el e-catalunya http://ecatalunya.gencat.cat que con su acción pretende facilitar la comunicación, el trabajo colaborativo y la difusión de conocimiento entre la ciudadanía, contribuyendo así al desarrollo de la Sociedad del Conocimiento en Cataluña. Este proyecto es una iniciativa de la Generalitat de Cataluña la cual ha creado las herramientas necesarias para que cada comunidad interactúe en un portal propio, que puede ser de acceso público o privado (solo para miembros registrados) y mediante herramientas de participación como blogs, foros, contenedores de documentos, wikis, calendarios, etc. Los portales cuentan además con utilidades (lista de correo, RSS, alertas automáticas de novedades, etc.) para facilitar la comunicación entre los miembros del grupo.

Los miembros de un portal pueden hacer aportaciones en las herramientas, responder y comentar las aportaciones de otros, adjuntar y descargar archivos, editar documentos comunes, enviar mensajes de correo simultáneos a toda la comunidad, etc. Cada portal cuenta con personal de administración y de moderación imprescindible para motivar la participación y organizar el conocimiento generado.

Pero todas estas herramientas en contra de ser algo complejo están facilitando el acceso de todos los sectores de la población a Internet y, por tanto, a lo que nos compete: la Administración electrónica. ¿Por qué? Muy sencillo, el beneficio que aportan de forma inmediata compensa al esfuerzo de adaptación al nuevo canal de comunicación, el hecho que una persona pueda hablar con su familia a miles de kilómetros hace que la población más mayor esté encontrando las ventajas de la sociedad de la información, la simplificación del proceso hace que en dos clics estemos en contacto a través del ordenador, el móvil, etc. Un ejemplo es la evolución del consumo a través de Internet.

3.4. La experiencia del usuario ciudadano. Los flujos de clics. Diferentes navegadores

Un navegador o navegador web (del inglés, *web browser*) es un programa que permite visualizar la información que contiene una página web (ya se encuentre alojada en un servidor dentro de la World Wide Web o en un servidor local).

El navegador interpreta el código, html generalmente, en el que está escrita la página web y lo presenta en pantalla permitiendo al usuario interactuar con su contenido y navegar hacia otros lugares de la red mediante enlaces o hipervínculos.

La funcionalidad básica de un navegador web es permitir la visualización de documentos de texto, posiblemente con recursos multimedia incrustados. Los documentos pueden estar ubicados en el ordenador en donde está el usuario, pero también pueden estar en cualquier otro dispositivo que esté conectado al ordenador del usuario o a través de Internet y que tenga los recursos necesarios para la transmisión de los documentos (un software servidor web).

El seguimiento de enlaces de una página a otra, ubicada en cualquier ordenador conectado a la Internet, se llama navegación, de donde se origina el nombre navegador (aplicado tanto para el programa como para la persona que lo utiliza, a la cual también se le llama cibernauta).

Hoy en día tenemos al alcance de nuestra mano toda la información posible mediante los navegadores y los buscadores unos más populares que otros, tal vez sea Google quien a través de una barra nos permite conectarnos y saber del mundo.

Dentro de un aumento general de las diferentes vías de conocimiento de la tienda virtual, la que adquiere, tras los buscadores, un papel más protagonista a lo largo del último ejercicio es la recomendación de otras personas, auge que podría estar relacionado, al menos en parte, con el propio auge de la Web.

Además del importante auge de la prescripción, actualmente se registra un uso más maduro y experimentado de canales de compra, como indican la importante cantidad de individuos que ya conocían de antes la página o la tenían guardada en favoritos. Por último, son muy relevantes también las diferentes formas de publicidad, tanto offline como online y directa o indirecta, incluyendo el uso del correo electrónico como forma de publicidad, en cuyos distintos tipos se ha duplicado o triplicado el porcentaje de internautas compradores que han llegado a conocer a través de este medio la tienda virtual en la que compraron.

La mayoría de los compradores accede finalmente a la dirección donde realiza las compras online a través de los buscadores generalistas. Como hemos observado anteriormente, existe un uso más maduro y experimentado de los canales de compra online. Un gran porcentaje de los compradores teclea directamente la dirección en el navegador lo que supone un aumento muy notable respecto a otros años.

3.5. Proceso de formación ciudadana ante los nuevos procesos de Administración electrónica

La mayoría de personas que tienen acceso a las nuevas tecnologías se han formado de modo autodidacta, sin formación reglada alguna (a excepción de los alumnos que han tenido acceso en sus aulas a equipos informáticos con regularidad como instrumento de aprendizaje). No obstante, la Administración ofrece cursos de **formación** a las partes que integran la Administración electrónica, el ciudadano y el funcionario, mediante planes de formación continua o de reciclaje.

Para ello, el Plan Avanza lleva años realizando acciones formativas en esta línea denominada eje de capacitación. Desde el Plan Avanza 2 se ha abordado esta capacitación desde **dos puntos de vista**, la persona como ciudadano que forma parte de la sociedad y la persona como trabajador que se integra en una empresa. En la vertiente de la persona como ciudadano, se presta especial atención al uso y la aceptación de las TIC y la utilización de los servicios digitales por parte de los ciudadanos en riesgo de exclusión digital y se fomenta la igualdad de género en la red. Por otro lado, en la vertiente de la persona como trabajador, se observa que el uso general de las TIC en las pequeñas empresas y las microempresas. Dada la importancia que representa este segmento de empresas en el tejido productivo y en la creación de empleo, resulta fundamental impulsar la penetración de las TIC en ellas mediante acciones específicas de capacitación y promoción.

⇨ **Capacitación ciudadanía**

- Capacitación tecnológica.

- Género.

- Mayores.

- Discapacitados.

- Infancia.

- Otros colectivos.

- Equipamiento y conectividad.

- Inmigrantes.

⇨ **Capacitación Pyme**

- Dinamización Pyme.

- Soluciones sectoriales.

- Formación.

- Equipamiento y conectividad.

3.6. El futuro de la Administración electrónica: dificultades y retos

Como estamos viendo, son claros los esfuerzos realizados por la Administración para acercar a los ciudadanos, es imprescindible crear los mecanismos o vehículos válidos para que los ciudadanos puedan relacionarse.

Un ejemplo de ello lo tenemos en el Proyecto de Ley de Participación Ciudadana que está desarrollando en los diferentes puntos de nuestro país (hay Comunidades Autónomas que ya la han desarrollado) utilizando nuevas herramientas tecnológicas como Internet, blogs, foros, email, emobile.

La publicación de la Ley 39/2015, de 1 de octubre, supone una revolución administrativa en cuanto a los procedimientos administrativos como consecuencia del continuo cambio social y de la necesidad por parte de la Administración Pública de una transformación digital para cumplir con los objetivos de eficacia, eficiencia e innovación tecnológica.

La **tramitación electrónica** debe constituir la actuación habitual de las Administraciones. Esta obligación general se desarrolla a lo largo de la Ley, estableciendo derechos y obligaciones concretos:

⇨ **Derecho y obligación de relacionarse electrónicamente con las Administraciones Públicas**. En este apartado distinguiremos los siguientes casos:

- Que se trate de una persona física. A este respecto la Ley mantiene el derecho a elegir la forma de relación con la Administración, ya sea por la vía telemática o por los medios convencionales.

- Otros colectivos. La Ley obliga a determinados colectivos a relacionarse con la Administración Pública por vía electrónica (artículo 14).

⇨ **Derechos de los ciudadanos como interesados**. Destacamos los siguientes:

- A comunicarse con las Administraciones Públicas a través de un Punto de Acceso General electrónico de la Administración.

- A ser asistidos en el uso de medios electrónicos en sus relaciones con las Administraciones Públicas.

- A la obtención y utilización de los medios de identificación y firma electrónica contemplados en esta Ley.

- Derecho a no aportar documentos que ya obren en las Administraciones Públicas. Se presumirá que la consulta es autorizada salvo que conste oposición expresa.

- Derecho a conocer el estado de tramitación de sus expedientes y a obtener copias de los documentos.

- Derecho a conocer los códigos de identificación de las unidades tramitadoras del procedimiento (artículo 66.1b).

La Administración establece **diversas medidas que pueden servir para la simplificación de trámites administrativos**:

⇨ Aplicar el principio de no requerir información en manos de la Administración.

⇨ Aceptación de declaraciones responsables de las empresas.

⇨ Mejorar la calidad en la elaboración de nueva normativa.

⇨ Mejorar las solicitudes y formularios.

El objetivo de estas es facilitar la actividad económica a partir de la reducción de las cargas, lo que redundará en una reducción de costes y de tiempo.

Las aplicaciones y sistemas de información utilizados para la instrucción por medios electrónicos de los procedimientos van a garantizar la tramitación ordenada de los expedientes y facilitar la simplificación y la publicidad de los procedimientos, de tal modo que permita al ciudadano, de forma sencilla, acceder a la información y servicios de su competencia, presentar solicitudes y recursos, realizar el trámite de audiencia cuando proceda, efectuar pagos o acceder a las notificaciones y comunicaciones.

La Administración está obligada a dictar resolución expresa en **todos los procedimientos** y a notificarla cualquiera que sea la forma de iniciación. Hay supuestos en los que la resolución consiste en la declaración de las circunstancias que concurran en cada caso, con indicación de los hechos producidos y las normas aplicables. Esto se produce en los casos de prescripción, renuncia del derecho, caducidad del procedimiento o desistimiento de la solicitud, así como desaparición sobrevenida del objeto del procedimiento.

En caso del procedimiento electrónico, la notificación de la terminación del procedimiento se hará también de forma electrónica, comunicando la decisión al interesado. Será el órgano competente de resolver el procedimiento el que deba identificarse y firmar la resolución (al igual que de forma tradicional) con su firma electrónica.

Además, la Ley 39/2015 prevé la posibilidad de resolución y notificación de la terminación del procedimiento de forma automatizada. Con ello se refiere a que se puede notificar la resolución de un procedimiento de forma desasistida, realizándolo el propio sistema, sin necesidad de que haya una mano humana detrás que lo esté indicando. Ello se puede realizar en determinados procedimientos, si se dan los requisitos exigidos para ello.

Sin duda es la traslación absoluta del sistema tradicional al virtual con todas las garantías.

Más recientemente, el Real Decreto 203/2021, de 30 de marzo, por el que se aprueba el **Reglamento de atención y funcionamiento del sector público por medios electrónicos**, persigue mejorar la eficiencia administrativa para hacer efectiva una Administración totalmente electrónica e interconectada. Se desarrolla y concreta el empleo de los medios electrónicos establecidos en las Leyes 39 y 40/2015, de 1 de octubre, para garantizar que los procedimientos administrativos se tramiten electrónicamente por la Administración y que la ciudadanía se relacione con ella por estos medios en los supuestos en que sea establecido con carácter obligatorio o aquellos lo decidan voluntariamente.

Se incrementa la transparencia de la actuación administrativa y la participación de las personas, se desarrollan el funcionamiento del Punto de Acceso General electrónico (PAGe), y la Carpeta ciudadana en el Sector Público Estatal, y se regula el contenido y los servicios mínimos a prestar por las sedes electrónicas y sedes electrónicas asociadas y el funcionamiento de los registros electrónicos.

El Reglamento persigue garantizar servicios digitales fácilmente utilizables de modo que se pueda conseguir que la relación del interesado con la Administración sea fácil, intuitiva y efectiva cuando use el canal electrónico, y busca mejorar la seguridad jurídica. Así, se elimina la superposición de regímenes jurídicos distintos.

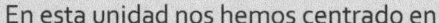

En esta unidad nos hemos centrado en:

1. Las Tecnologías de la Información y las Comunicaciones han producido en los últimos años una transformación total del entorno en el que nos relacionamos. Lo que surgió en los años 60 como la red militar de comunicaciones ARPA, se convirtió a finales de los años 90, gracias a científicos como Tim Berners Lee (creador del protocolo HTTP -Protocolo de transferencia de hipertexto- y el protocolo HTML -Lenguaje de marcado de hipertexto- para navegar por las redes a través de hipervínculos) en la World Wide Web.

2. Internet se ha convertido en el vehículo de transmisión e intercambio de todo tipo de información, lo que ha afectado a todos los ámbitos de la sociedad y como no podía ser menos también a la Administración Pública que ha tenido que crear nuevas leyes para regular el acceso de los ciudadanos a las ella mediante medios electrónicos.

3. El primer paso y un empuje imprescindible en España lo que supuso la Ley 11/2007, de 22 de junio, de Acceso Electrónico de los Ciudadanos a los Servicios Públicos, que consagró un nuevo derecho para el ciudadano, el poder relacionarse con las Administraciones por medios telemáticos. Posteriormente, con el fin de unificar la normativa dispersa apareció la Ley 39/2015, de 1 de octubre, del Pro-

.../...

.../...

cedimiento Administrativo Común de las Administraciones Públicas que profundiza en la agilización de los procedimientos con un pleno funcionamiento electrónico. Una de las novedades más importantes de esta Ley es la implantación de una Administración Pública íntegramente electrónica e interconectada, facilitando las relaciones electrónicas de los ciudadanos y las empresas con la Administración, así como las comunicaciones electrónicas entre las Administraciones. Asimismo, recientemente el Real Decreto 203/2021, de 30 de marzo, ha aprobado el Reglamento de actuación y funcionamiento del sector público por medios electrónicos.

4. Pero no solamente la aparición de Internet ha cambiado la Administración, también ha cambiado nuestras relaciones sociales.

5. La Web ha ido evolucionando a lo largo de los años, experimentando grandes cambios desde la Web original hasta hoy en día, que llega a ser capaz de analizar emociones mediante distintas herramientas que permiten reconocer sensaciones y predecir preferencias.

6. Todos conocemos o hemos oído hablar de Wikipedia, blogs, redes sociales como Facebook, X, Instagram, LinkedIn, entornos para compartir recursos como Google Drive, para compartir videos como YouTube, Vimeo, para compartir fotos Picasa, Flickr, Instagram... para compartir presentaciones como Prezi, Slideshare, Emaze o plataformas educativas como Moodle. Si a todo esto le unimos el auge del comercio electrónico nos encontramos con un verdadero cambio social.

UNIDAD DIDÁCTICA 3

Normativa reguladora

Contenido & Objetivos

Introducción

1. **Normativa sobre Comercio Electrónico en España**

2. **Aspectos jurídicos del comercio electrónico**

3. **Obligaciones y responsabilidades en el comercio electrónico**

Resumen

Los **objetivos** de esta unidad son:

1. Conocer el contexto de la seguridad jurídica.

2. Estudiar la normativa relacionada en España.

Introducción

Desde que se consolidó Internet como un medio de interconexión digital a nivel mundial los incidentes de seguridad relacionados con los sistemas informáticos se han multiplicado de manera alarmante. Esto, junto con la elevada e imparable dependencia de los sistemas de información, ha provocado una creciente necesidad de implantar mecanismos que reduzcan considerablemente los riesgos asociados a los incidentes y riesgos en el entorno de la seguridad informática.

1. Normativa sobre Comercio Electrónico en España

1.1. Cuestiones generales

En esta unidad vamos a empezar por definir el concepto de **seguridad jurídica**. Es un principio del Derecho, que significa la seguridad de que se conoce, o puede conocerse, lo previsto como prohibido, ordenado o permitido por el poder público. Este principio se basa en la "certeza del derecho", tanto en el ámbito de su publicidad como en su aplicación.

El comercio electrónico se define como cualquier modo de transacción o intercambio de información con contenido comercial, en la que las partes se comunican utilizando tecnologías de la información y la comunicación (TIC) en lugar de hacerlo por intercambio o contacto físico directo.

El **Servicio de Comercio Electrónico División de Infraestructura de Servicios para el Desarrollo y Eficiencia Comercial de Naciones Unidas (UNCTAD)** ofrece una definición amplia de comercio electrónico que incluye:

1. El uso de sistemas de comunicación basados en Internet.

2. El uso de sistemas de comunicación basado en no-Internet:

    • Pedidos telefónicos.

    • Televisión interactiva.

    • Correo electrónico.

    • Telefonía móvil y celular.

    • Redes electrónicas de uso privado usualmente organizadas por empresas y sus asociados para su propio beneficio.

 **Redes electrónicas de uso privado**. Mientras que el comprador y el vendedor no se van a encontrar físicamente durante la transacción, sí se van a usar mecanismos de comunicación electrónica para establecer el contrato.

1.2. Relación de la normativa

En este ámbito, es importante tener en cuenta la diferente normativa aplicable al comercio electrónico:

⇨ **Ley 6/2020, de 11 de noviembre, reguladora de determinados aspectos de los servicios electrónicos de confianza**

Desde el 1 de julio de 2016 es de aplicación el Reglamento (UE) n.º 910/2014 del Parlamento Europeo y del Consejo, de 23 de julio de 2014, relativo a la identificación electrónica y los servicios de confianza para las transacciones electrónicas en el mercado interior y por el que se deroga la Directiva 1999/93/CE.

⇨ **Ley 34/2002, de 11 de julio, de servicios de la sociedad de la información y del comercio electrónico**

Es la norma reguladora del comercio electrónico y de otros servicios de Internet cuando sean parte de una actividad económica.

En ella se establecen determinadas obligaciones de información para aquellas empresas que realicen comercio electrónico y, asimismo, se regula la actividad publicitaria por vía electrónica. Estas obligaciones de información se ven ampliadas para aquellas empresas que celebren contratos por vía electrónica, con la finalidad de reducir la inseguridad jurídica de la operación.

⇨ **Ley 7/1996, de 15 de enero, de Ordenación del Comercio Minorista**

Esta Ley establece el régimen jurídico general del comercio minorista y regula determinadas ventas especiales y actividades de promoción comercial, sin perjuicio de las leyes dictadas por las Comunidades Autónomas en el ejercicio de las competencias en la materia.

Entendiendo como comercio minorista aquella actividad desarrollada profesionalmente con ánimo de lucro consistente en ofertar la venta de cualquier clase de artículos a los destinatarios finales de los mismos, utilizando o no un establecimiento.

⇨ **Ley 7/1998, de 13 de abril, de Condiciones Generales de la Contratación**

Esta norma pretende proteger la igualdad de los contratantes y se aplica a las cláusulas de **condiciones generales** que formen parte de contratos sujetos a la legislación española.

Son condiciones generales de la contratación las cláusulas predispuestas cuya incorporación al contrato sea impuesta por una de las partes, con independencia de la autoría material de las mismas, de su apariencia externa, de su extensión y de cualesquiera otras circunstancias, habiendo sido dictadas con la finalidad de ser incorporadas a una pluralidad de contratos.

⇨ **Real Decreto Legislativo 1/2007, de 16 de noviembre, por el que se aprueba el texto refundido de la Ley General para la Defensa de los Consumidores y Usuarios y otras leyes complementarias**

Este Real Decreto Legislativo cumple con la previsión recogida en la Disposición Final quinta de la Ley 44/2006, de 29 de diciembre, de mejora de la protección de los consumidores y usuarios, que habilita al Gobierno para que, en el plazo 12 meses, proceda a refundir en un único texto la Ley 26/1984, de 19 de julio, General para la Defensa de los Consumidores y Usuarios y las normas de transposición de las directivas comunitarias dictadas en materia de protección de los consumidores y usuarios que inciden en los aspectos regulados en ella, aclarando y armonizando los textos legales que tengan que ser refundidos.

1.3. Ley de servicios de la sociedad de la información y el comercio electrónico

Esta norma tiene como objeto la incorporación al ordenamiento jurídico español de la Directiva 2000/31/CE, del Parlamento Europeo y del Consejo, de 8 de junio, relativa a determinados aspectos de los servicios de la sociedad de la información, en particular, el comercio electrónico en el mercado interior (Directiva sobre el comercio electrónico). Asimismo, incorpora parcialmente la Directiva 98/27/CE, del Parlamento Europeo y del Consejo, de 19 de mayo, relativa a las acciones de cesación en materia de protección de los intereses de los consumidores, al regular, de conformidad con lo establecido en ella, una acción de cesación contra las conductas que contravengan lo dispuesto en esta Ley.

La **protección de los datos personales** en el sector de las telecomunicaciones electrónicas ha estado representada por ciertos ordenamientos jurídicos que a su vez han sido adaptados a las legislaciones nacionales de los países miembros de la Unión Europea. La evolución de las normas reguladoras en la Unión Europea, a través de la promulgación de directivas, han traído como consecuencia la adecuación de dichas normas a la normatividad local de las naciones que la conforman, por lo cual la proliferación de normas reguladoras de tan importante fenómeno como lo es el de las comunicaciones electrónicas, han propiciado, respecto a la protección de datos y a la intimidad de las personas, su regulación jurídica en la mayor parte de las naciones que forman parte de dicha Unión.

En el ámbito europeo, el Parlamento Europeo y el Consejo, con el objetivo de conseguir un marco uniforme de protección de datos en todos los Estados miembros de la Unión Europea, aprobaron en abril de 2016 el Reglamento (UE) 2016/679, del Parlamento Europeo y del Consejo, de 27 de abril, relativo a la protección de las personas físicas en lo que respecta al tratamiento de datos personales y a la libre circulación de estos datos y por el que se deroga la Directiva 95/46/CE. Este Reglamento es de aplicación desde el 25 de mayo de 2018.

En España, para adaptar el ordenamiento jurídico español al Reglamento (UE) 2016/679, de 27 de abril, se ha promulgado la nueva Ley de Protección de Datos Personales, la **Ley Orgánica 3/2018, de 5 de diciembre, de Protección de Datos Personales y garantía de los derechos digitales**. Esta Ley Orgánica, además de la adaptación al mencionado reglamento, tiene como objeto *"garantizar los derechos digitales de la ciudadanía conforme al mandato establecido en el art. 18.4 de la Constitución"*.

Según se establece en el artículo 19 de la Ley 34/2002, de 11 de julio, de servicios de la sociedad de la información y del comercio electrónico:

1. Las comunicaciones comerciales y las ofertas promocionales se regirán, además de por la presente Ley, por su normativa propia y la vigente en materia comercial y de publicidad.

2. En todo caso, será de aplicación la **Ley Orgánica 3/2018, de 5 de diciembre, de Protección de Datos Personales y garantía de los derechos digitales y Reglamento (UE) 2016/679, de 27 de abril** y su normativa de desarrollo.

1.4. Ley 6/2020, de 11 de noviembre, reguladora de determinados aspectos de los servicios electrónicos de confianza

La entrada en vigor de la Ley 6/2020, de 11 de noviembre, reguladora de determinados aspectos de los servicios electrónicos de confianza, conlleva la derogación de la Ley 59/2003, de 19 de diciembre, de firma electrónica, y el art. 25 de la Ley 34/2002, de 11 de julio, de servicios de la sociedad de la información y de comercio electrónico.

Asimismo, la Ley 6/2020, de 11 de noviembre, contiene **novedades y medidas** importantes, entre las que destacamos las siguientes:

⇨ Determina el régimen de los certificados electrónicos.

⇨ Establece su ámbito de aplicación, en el que quedan encuadrados los prestadores públicos y privados de servicios electrónicos de confianza establecidos en España, para los que se establece un régimen de obligaciones y responsabilidades.

⇨ Solo las personas físicas pueden hacer uso de la firma electrónica, por lo que los certificados de firma electrónica para personas jurídicas o entidades sin personalidad jurídica queda automáticamente eliminados. Estos solo podrán obtener sellos electrónicos.

   De igual forma, se crean los certificados de sello electrónico y de autenticación de sitios web

⇨ En relación a los certificados cualificados de personas físicas, contendrán su DNI, NIE o NIF (siempre que la persona disponga de uno de ellos).

⇨ Los certificados cualificados de personas jurídicas o de entidades sin personalidad jurídica contendrán el NIF y su denominación social, y en el caso de que no tengan, un código único que conste en registros oficiales y que permita su identificación.

⇨ Se modifica la Ley de Enjuiciamiento Civil, al dotar de valor probatorio a los documentos electrónicos privados.

2.   Aspectos jurídicos del comercio electrónico

Según se establece en el artículo 19 de la Ley 34/2002, de 11 de julio, de servicios de la sociedad de la información y del comercio electrónico:

⇨ Las comunicaciones comerciales y las ofertas promocionales se regirán, además de por la presente Ley, por su normativa propia y la vigente en materia comercial y de publicidad.

⇨ En todo caso, será de aplicación la Ley Orgánica 3/2018, de 5 de diciembre, de Protección de Datos Personales y garantía de los derechos digitales, y su normativa de desarrollo.

 A esto habría que añadir que el 25 de mayo de 2018 entró en funcionamiento el Reglamento (UE) 2016/679 del Parlamento Europeo y del Consejo de 27 de abril de 2016 relativo a la protección de las personas físicas en lo que respecta al tratamiento de datos personales y a la libre circulación de estos datos y por el que se deroga la Directiva 95/46/CE (Reglamento general de protección de datos).

3. Obligaciones y responsabilidades en el comercio electrónico

Las obligaciones y responsabilidades en el comercio electrónico se encuentran recogidas en la Ley 34/2002, de 11 de julio, de servicios de la sociedad de la información y de comercio electrónico:

⇨ **Obligaciones de los prestadores de servicios**

Quien preste servicios sujetos a esta Ley, estará obligado a suministrar en su página web la siguiente información, siempre de forma permanente, fácil, directa y gratuita:

- Su nombre o denominación social; su residencia o domicilio o, en su defecto, la dirección de uno de sus establecimientos permanentes en España; su dirección de correo electrónico y cualquier otro dato que permita establecer con él una comunicación directa y efectiva.

- Los datos de su inscripción en el Registro Mercantil.

- En el caso de que su actividad estuviese sujeta a un régimen de autorización administrativa previa, los datos relativos a dicha autorización y los identificativos del órgano competente encargado de su supervisión.

- Si ejerce una profesión regulada deberá indicar:

  1. Los datos del Colegio profesional al que, en su caso, pertenezca y número de colegiado.

  2. El título académico oficial o profesional con el que cuente.

  3. El Estado de la Unión Europea o del Espacio Económico Europeo en el que se expidió dicho título y, en su caso, la correspondiente homologación o reconocimiento.

4. Las normas profesionales aplicables al ejercicio de su profesión y los medios a través de los cuales se puedan conocer, incluidos los electrónicos.

- El número de identificación fiscal que le corresponda.

- Cuando el servicio de la sociedad de la información haga referencia a precios, se facilitará información clara y exacta sobre el precio del producto o servicio, indicando si incluye o no los impuestos aplicables y, en su caso, sobre los gastos de envío.

- Los códigos de conducta a los que, en su caso, esté adherido y la manera de consultarlos electrónicamente.

 Además, se imponen unas obligaciones adicionales de información a quienes se haya atribuido un rango de numeración telefónica a servicios de tarificación adicional, exigiéndose consentimiento previo, informado y expreso del usuario para la descarga de programas informáticos que hagan la marcación.

⇨ **Responsabilidad**

La responsabilidad por la comisión de actos ilegales recae sobre la persona autora de los mismos, sin embargo, ante la dificultad de identificar al responsable directo, la responsabilidad se puede dirigir a quien facilita el espacio en su servidor o posibilita la transmisión de los datos ilegales.

Así, respecto a la responsabilidad por enlaces, o a la responsabilidad por alojamiento de datos de terceros (hosting) como ocurre con los titulares de blogs, foros, páginas web, redes sociales, etc., que permitan alojar información generada por terceros, la LSSI-CE establece que no serán responsables por la información almacenada a petición del destinatario, siempre que:

1. No tengan conocimiento efectivo de que la actividad o la información almacenada es ilícita o de que lesiona bienes o derechos de un tercero susceptibles de indemnización.

2. Si tienen conocimiento, que actúen con diligencia para retirar los datos o hacer imposible el acceso a ellos.

3. Que el destinatario del servicio no actúe bajo la dirección, autoridad o control de su prestador.

Por lo tanto, el titular no tiene una "obligación general" de supervisar todos los contenidos transmitidos o alojados, pero sí de actuar cuando tenga conocimiento efectivo de los hechos.

Se entiende que el prestador de servicios tiene el conocimiento efectivo no solo cuando un órgano competente haya declarado la ilicitud de los datos, sino también cuando recibe una notificación fehaciente y "el contenido de lo almacenado es en sí mismo tan revelador que su ilicitud es patente y evidente" (sentencia del Tribunal Supremo de 26 de febrero de 2013).

Asimismo, los artículos 20, 21 y 22 regulan la información exigida en las comunicaciones comerciales:

- **Artículo 20 Información exigida sobre las comunicaciones comerciales, ofertas promocionales y concursos**

    1. Las comunicaciones comerciales realizadas por vía electrónica deberán ser claramente identificables como tales, y la persona física o jurídica en nombre de la cual se realizan también deberá ser claramente identificable.

    2. En los supuestos de ofertas promocionales, como las que incluyan descuentos, premios y regalos, y de concursos o juegos promocionales, previa la correspondiente autorización, se deberá asegurar, además del cumplimiento de los requisitos establecidos en el apartado anterior y en las normas de ordenación del comercio, que queden claramente identificados como tales y que las condiciones de acceso y, en su caso, de participación sean fácilmente accesibles y se expresen de forma clara e inequívoca.

    3. Lo dispuesto en los apartados anteriores se entiende sin perjuicio de lo que dispongan las normativas dictadas por las Comunidades Autónomas con competencias exclusivas sobre consumo.

    4. En todo caso, queda prohibido el envío de comunicaciones comerciales en las que se disimule o se oculte la identidad del remitente por cuenta de quien se efectúa la comunicación o que contravengan lo dispuesto en este artículo, así como aquéllas en las que se incite a los destinatarios a visitar páginas de Internet que contravengan lo dispuesto en este artículo.

- **Artículo 21 Prohibición de comunicaciones comerciales realizadas a través de correo electrónico o medios de comunicación electrónica equivalentes**

    1. Queda prohibido el envío de comunicaciones publicitarias o promocionales por correo electrónico u otro medio de comunicación electrónica equivalente que previamente no hubieran sido solicitadas o expresamente autorizadas por los destinatarios de las mismas.

2. Lo dispuesto en el apartado anterior no será de aplicación cuando exista una relación contractual previa, siempre que el prestador hubiera obtenido de forma lícita los datos de contacto del destinatario y los empleara para el envío de comunicaciones comerciales referentes a productos o servicios de su propia empresa que sean similares a los que inicialmente fueron objeto de contratación con el cliente.

    En todo caso, el prestador deberá ofrecer al destinatario la posibilidad de oponerse al tratamiento de sus datos con fines promocionales mediante un procedimiento sencillo y gratuito, tanto en el momento de recogida de los datos como en cada una de las comunicaciones comerciales que le dirija.

    Cuando las comunicaciones hubieran sido remitidas por correo electrónico, dicho medio deberá consistir necesariamente en la inclusión de una dirección de correo electrónico u otra dirección electrónica válida donde pueda ejercitarse este derecho, quedando prohibido el envío de comunicaciones que no incluyan dicha dirección.

- **Artículo 22 Derechos de los destinatarios de servicios**

    1. El destinatario podrá revocar en cualquier momento el consentimiento prestado a la recepción de comunicaciones comerciales con la simple notificación de su voluntad al remitente.

        A tal efecto, los prestadores de servicios deberán habilitar procedimientos sencillos y gratuitos para que los destinatarios de servicios puedan revocar el consentimiento que hubieran prestado. Cuando las comunicaciones hubieran sido remitidas por correo electrónico, dicho medio deberá consistir necesariamente en la inclusión de una dirección de correo electrónico u otra dirección electrónica válida donde pueda ejercitarse este derecho, quedando prohibido el envío de comunicaciones que no incluyan dicha dirección.

        Asimismo, deberán facilitar información accesible por medios electrónicos sobre dichos procedimientos.

    2. Los prestadores de servicios podrán utilizar dispositivos de almacenamiento y recuperación de datos en equipos terminales de los destinatarios, a condición de que los mismos hayan dado su consentimiento después de que se les haya facilitado información clara y completa sobre su utilización, en particular, sobre los fines del tratamiento de los datos, con arreglo a lo dispuesto en la Ley Orgánica 15/1999, de 13 de diciembre, de protección de datos de carácter personal.

        Cuando sea técnicamente posible y eficaz, el consentimiento del destinatario para aceptar el tratamiento de los datos podrá facilitarse mediante el uso de los parámetros adecuados del navegador o de otras aplicaciones.

Lo anterior no impedirá el posible almacenamiento o acceso de índole técnica al solo fin de efectuar la transmisión de una comunicación por una red de comunicaciones electrónicas o, en la medida que resulte estrictamente necesario, para la prestación de un servicio de la sociedad de la información expresamente solicitado por el destinatario.

El comercio electrónico es cualquier modo de transacción o intercambio de información con contenido comercial, en el que las partes se comunican usando tecnologías de la información y la comunicación (TIC) y no intercambio físico o contacto físico directo.

La Ley 34/2002, de 11 de julio, de servicios de la sociedad de la información y del comercio electrónico, tiene como objeto la incorporación al ordenamiento jurídico español la Directiva sobre el comercio electrónico, así como la relativa a las acciones de cesación de protección de los intereses de los consumidores.

La protección de los datos personales en el sector de las telecomunicaciones electrónicas ha estado representada por ciertos ordenamientos jurídicos que a su vez han sido adaptados a las legislaciones nacionales de los países miembros de la Unión Europea.

En España, para adaptar el ordenamiento jurídico español al Reglamento (UE) 2016/679, de 27 de abril, se ha promulgado la nueva Ley de Protección de Datos Personales, la Ley Orgánica 3/2018, de 5 de diciembre, de Protección de Datos Personales y garantía de los derechos digitales.

UNIDAD DIDÁCTICA 4

Solicitud y obtención

Contenido & Objetivos

Los **objetivos** de esta unidad son:

1. Conocer el funcionamiento del proceso de firma electrónica.

2. Determinar los elementos hardware y software implicados en la firma y certificado electrónico.

3. Tener presentes las funciones de seguridad que supone el certificado electrónico.

Introducción

El Documento Nacional de Identidad electrónico es el documento que acredita física y digitalmente la identidad personal de su titular y permite la firma electrónica de documentos.

Además del material del que está elaborado, se distingue del tradicional por el **chip** que incorpora, y donde contiene la información en tres zonas **(pública, privada y de seguridad)**, con diferentes niveles y condiciones de acceso.

El nuevo DNIe contiene los certificados electrónicos de **componente**, de **autenticación** y de **firma**, que permiten realizar numerosas gestiones con seguridad y total validez legal, lo que supone grandes ventajas para el ciudadano (seguridad y comodidad). Para su solicitud hay que acudir a las oficinas de expedición con la documentación necesaria.

Los certificados electrónicos tienen un plazo de vigencia de 30 meses, mientras que el DNIe está sujeto a unos plazos de renovación que dependen de la edad del titular. La utilización del DNIe precisa de elementos hardware (un ordenador personal y un lector de tarjetas inteligentes con ciertos estándares) y software (relativos a navegadores, sistemas operativos y controladores).

Los procesos más habituales en que tiene implicación el DNIe y su firma electrónica son el establecimiento de conexión privada con organismos públicos o entidades privadas y la firma de trámites administrativos con DNI electrónico.

Por último, veremos el proceso para obtener un certificado, cómo instalarlo y quién puede emitirlo.

1. Firma electrónica

La base tanto de los procesos de facturación electrónica como de los procesos y desarrollo del DNIe es la **firma electrónica**.

Desde un punto de vista técnico, la firma electrónica se compone de un conjunto de datos en forma electrónica que pueden ser utilizados como medio de identificación del firmante.

Es una cadena de caracteres, generada mediante un algoritmo matemático, que se obtiene utilizando como variables la clave privada y la huella digital del texto a firmar, de forma que permite asegurar la identidad del firmante y la integridad del mensaje.

 Las principales y más importantes garantías que ofrece la firma electrónica son:

1. **Autentificación**: se podrá identificar al usuario que ha enviado el mensaje.

2. **Integridad**: garantiza que el mensaje no haya sido manipulado.

3. **No repudio**: nadie, excepto el mismo usuario, podrá haber firmado el documento.

La firma electrónica, por su propia naturaleza, tiene ya en la actualidad un gran abanico de **ámbitos de aplicación** y se espera que su desarrollo sea aún más extendido:

⇨ Banca en línea.

⇨ Transacciones B2B (transacciones electrónicas entre empresas) y B2C (transacciones entre empresas y usuarios/clientes).

⇨ Aplicaciones financieras.

⇨ Salud.

⇨ Proveedores de aplicaciones (ASP).

⇨ Suscripciones online.

⇨ Pago de impuestos/Abono de subsidios.

⇨ Interacciones entre ciudadanos y Administración Pública.

2. Certificado electrónico

2.1. Cómo obtener un certificado

Un certificado digital puede obtenerse directamente a través de la autoridad de certificación o a través de otras empresas que se hayan constituido como entidades colaboradoras en el registro de certificados.

Para la emisión de un certificado es preciso la identificación del/de la usuario/a frente a la autoridad de registro o una Entidad Colaboradora en el Registro (ECR).

Según el certificado solicitado se deberá presentar la documentación requerida, como, por ejemplo, el DNI, las escrituras de constitución de la sociedad o cualquier otro documento oficial necesario.

La autoridad de registro y las ECR se encargan por tanto de identificar de manera inequívoca a los/as usuarios/as para que, posteriormente, estos puedan obtener los certificados.

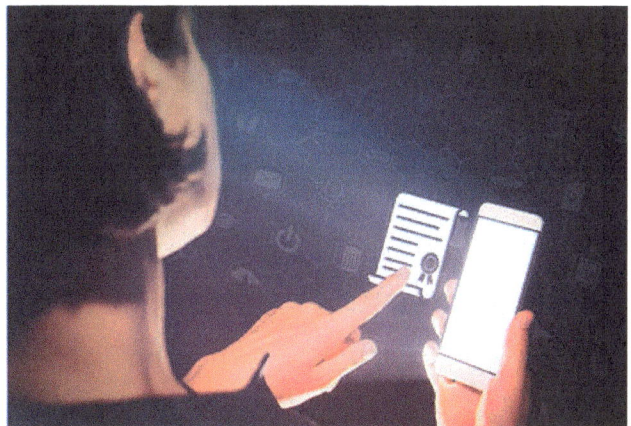

¿Cómo solicitar el certificado digital de la FNMT para una persona física?

El certificado digital FNMT de persona física es la certificación electrónica expedida por la FNMT-RCM que vincula a su suscriptor con unos datos de verificación de firma y confirma su identidad.

Este certificado, también conocido como certificado de ciudadano o de usuario, es un documento digital que contiene tus datos identificativos. Te permitirá identificarte en Internet e intercambiar información con otras personas y organismos con la garantía de que solo tú y tu interlocutor pueden acceder a ella.

¿Quién puede obtener un certificado digital de persona física?

Cualquier ciudadano español o extranjero, mayor de edad o menor emancipado que esté en posesión de su DNI o NIE, podrá solicitar y obtener su certificado digital de forma gratuita para firmar y acreditar su identidad de forma segura en Internet.

¿Cómo puedo obtener el certificado?

Existen 3 formas distintas para obtener su Certificado electrónico de Ciudadano como archivo descargable en su ordenador o dispositivo móvil:

⇨   Con vídeo identificación.

⇨   Con acreditación presencial en una oficina.

⇨   Utilizando su DNIe.

81

Para qué sirve

El certificado digital de persona física le permitirá realizar trámites de forma segura con la Administración Pública y entidades privadas a través de Internet, como, por ejemplo:

⇨ Presentación y liquidación de impuestos.

⇨ Presentación de recursos y reclamaciones.

⇨ Cumplimentación de los datos del censo de población y viviendas.

⇨ Consulta e inscripción en el padrón municipal.

⇨ Consulta de multas de circulación.

⇨ Consulta y trámites para solicitud de subvenciones.

⇨ Consulta de asignación de colegios electorales.

⇨ Actuaciones comunicadas.

⇨ Firma electrónica de documentos y formularios oficiales.

2.2. Proceso para obtener un certificado

2.2.1. Configuración previa

Antes de comenzar con el proceso de solicitud de su Certificado, deberá asegurarse de que su equipo tiene instalado el software necesario para la generación de claves. Este software se llama "CONFIGURADOR FNMT-RCM".

Seguir atentamente las siguientes instrucciones para evitar posibles errores durante el proceso de obtención de su certificado:

⇨ **Recordatorios imprescindibles:**

- No formatear el ordenador, entre el proceso de solicitud y el de descarga del certificado.

- Se debe realizar todo el proceso de obtención desde el mismo equipo y mismo usuario.

- Es importante leer atentamente la Declaración de Prácticas de Certificación previamente a la solicitud del certificado. En ella se encuentran las condiciones bajo las cuales se prestan los servicios de certificación.

⇨ **Navegadores compatibles:**

Última versión de cualquiera de los siguientes navegadores:

- Mozilla Firefox.

- Google Chrome.

- Microsoft EDGE.

- Opera.

- Safari.

⇨ **Software necesario para la solicitud del certificado**.

La Fábrica Nacional de Moneda y Timbre ha desarrollado la aplicación CONFI-GURADOR FNMT-RCM para solicitar las claves necesarias en la obtención de un certificado digital. Puede ser ejecutada en cualquier navegador y sistema Operativo.

Una vez descargado e instalado el software no es necesario hacer nada, este se ejecutará cuando el navegador lo requiera.

2.2.2. Solicitud de certificado

La **solicitud del certificado** se hace de forma telemática desde la web de la FNMT, desde este enlace *https://www.sede.fnmt.gob.es/certificados/persona-fisica/obtener-certificado-software/solicitar-certificado*

Antes de realizar este paso es necesario instalar el software del paso 1 Configuración.

Los datos que hay que introducir son:

⇨ Nº del documento de identificación.

⇨ Primer apellido (tal y como aparece en su documento de identificación).

⇨ Correo electrónico.

Instrucciones:

⇨ Recuerde que para evitar problemas en la solicitud y descarga de su certificado es necesario haber configurado correctamente su navegador. En nuestra sede electrónica encontrará el software de configuración automática.

⇨ El nº del documento de identificación (NIF / NIE) deberá tener una longitud de 9 caracteres. Rellene con ceros a la izquierda si es necesario

⇨ Asegúrese de que el correo electrónico asociado a su certificado es correcto, ya que a través de éste se enviarán todas las notificaciones sobre el ciclo de vida de su certificado.

Con la emisión de su nuevo certificado FNMT de Persona Física el solicitante autoriza a la FNMT-RCM a revocar y dejar sin efecto cualquier certificado del mismo tipo que la FNMT-RCM le haya emitido con carácter previo e idénticos nombre, apellidos y NIF.

Asegúrese que en esta solicitud le solicita establecer una contraseña nueva para solicitar el código y que será también requerida en el paso 4 de la Descarga, en caso de olvido, la contraseña no se podrá recuperar teniendo que iniciar de nuevo la solicitud.

2.2.3. Acreditar identidad

Tras haber realizado la configuración previa (paso 1) y haber completado la solicitud de su certificado (paso 2), ya estará en posesión de su Código de Solicitud. Para continuar el solicitante y futuro titular del certificado deberá acudir personalmente a una Oficina de Acreditación de Identidad para **acreditar su propia identidad**.

Si por cualquier circunstancia no pudiera hacerlo personalmente, podrá ir una tercera persona en su nombre. pero se le exigirá la previa legitimación de su firma del contrato ante notario.

Cuando acredite su identidad en una oficina de acreditación de identidad tendrá inmediatamente disponible la descarga de su certificado por lo que le recomendamos descargarlo lo antes posible.

⇨ **Documentación necesaria para acreditar identidad**

El solicitante del certificado deberá presentarse en una de nuestras Oficinas de Acreditación de Identidad para acreditar sus datos por el documento de identidad válido, vigente y en formato original o en su defecto, una fotocopia compulsada oficialmente.

Ciudadano de nacionalidad española

- El código de solicitud que le ha sido remitido a su cuenta de correo electrónico y

- El Documento Nacional de Identidad (DNI), pasaporte o carné de conducir.

Ciudadano de la Unión Europea

- El código de solicitud que le ha sido remitido a su cuenta de correo electrónico y

- Documento Nacional de Identificación de Extranjeros donde conste el NIE junto con Pasaporte o documento de identidad de país de origen, o

- Certificado de Ciudadano de la Unión donde conste el NIE junto con Pasaporte o documento de identidad de país de origen, o

- Documento oficial de concesión del NIF/NIE, junto con el pasaporte o el documento de identidad del país de origen.

Ciudadano extranjero

- El código de solicitud que le ha sido remitido a su cuenta de correo electrónico y

- Tarjeta Roja/Verde/Blanca de Identificación de Extranjeros donde consta el NIE junto con el pasaporte, o

- Documento oficial de concesión del NIF/NIE junto con el pasaporte.

⇨ **¿Dónde puede acreditar su identidad?**

La FNMT ha habilitado más de 2.400 Oficinas de Acreditación de Identidad distribuidas por todo el territorio nacional.

La página web ofrece un localizador de oficinas. En las oficinas de la AEAT, Seguridad Social y en otras oficinas se requiere de cita previa, se puede consultar con la propia oficina.

En el extranjero están disponibles las Oficinas Consulares de carrera de España en el extranjero, no siendo posible en los registros aduaneros.

2.2.4. Descargar certificado

Para **descargar el certificado** debe usar el mismo ordenador y el mismo usuario con el que realizó la Solicitud e introducir los datos requeridos exactamente tal y como los introdujo entonces.

Para descargar e instalar su certificado introduzca la siguiente información:

⇨ Nº del documento de identificación.

⇨ Primer apellido.

⇨ Código de solicitud.

85

Recuerde que, en caso de haber llevado a cabo la solicitud del certificado con una tarjeta u otro dispositivo criptográfico, antes de realizar la descarga, debe asegurarse de que dicho dispositivo está listo para ser usado. En otro caso, la instalación del certificado deberá llevarla a cabo en el mismo equipo en el que realizó la solicitud.

2.3. Identidad y atributos de los titulares de certificados cualificados

La Ley 6/2020, de 11 de noviembre, reguladora de determinados aspectos de los servicios electrónicos de confianza, regula cómo demostrar la indentidad en certificados electrónicos:

Artículo 6. Identidad y atributos de los titulares de certificados cualificados

1. La identidad del titular en los certificados cualificados se consignará de la siguiente forma:

    a) En el supuesto de certificados de firma electrónica y de autenticación de sitio web expedidos a personas físicas, por su nombre y apellidos y su número de Documento Nacional de Identidad, número de identidad de extranjero o número de identificación fiscal, o a través de un pseudónimo que conste como tal de manera inequívoca. Los números anteriores podrán sustituirse por otro código o número identificativo únicamente en caso de que el titular carezca de todos ellos por causa lícita, siempre que le identifique de forma unívoca y permanente en el tiempo.

    b) En el supuesto de certificados de sello electrónico y de autenticación de sitio web expedidos a personas jurídicas, por su denominación o razón social y su número de identificación fiscal. En defecto de este, deberá indicarse otro código identificativo que le identifique de forma unívoca y permanente en el tiempo, tal como se recoja en los registros oficiales.

2. Si los certificados admiten una relación de representación incluirán la identidad de la persona física o jurídica representada en las formas previstas en el apartado anterior, así como una indicación del documento, público si resulta exigible, que acredite de forma fehaciente las facultades del firmante para actuar en nombre de la persona o entidad a la que represente y, en caso de ser obligatoria la inscripción, de los datos registrales.

Artículo 7. Comprobación de la identidad y otras circunstancias de los solicitantes de un certificado cualificado

1. La identificación de la persona física que solicite un certificado cualificado exigirá su personación ante los encargados de verificarla y se acreditará mediante el Documento Nacional de Identidad, pasaporte u otros medios

admitidos en Derecho. Podrá prescindirse de la personación de la persona física que solicite un certificado cualificado si su firma en la solicitud de expedición de un certificado cualificado ha sido legitimada en presencia notarial.

2. Reglamentariamente, mediante Orden de la persona titular del Ministerio de Asuntos Económicos y Transformación Digital, se determinarán otras condiciones y requisitos técnicos de verificación de la identidad a distancia y, si procede, otros atributos específicos de la persona solicitante de un certificado cualificado, mediante otros métodos de identificación como videoconferencia o vídeo-identificación que aporten una seguridad equivalente en términos de fiabilidad a la presencia física según su evaluación por un organismo de evaluación de la conformidad. La determinación de dichas condiciones y requisitos técnicos se realizará a partir de los estándares que, en su caso, hayan sido determinados a nivel comunitario.

Serán considerados métodos de identificación reconocidos a escala nacional, a los efectos de lo previsto en el presente apartado, aquellos que aporten una seguridad equivalente en términos de fiabilidad a la presencia física y cuya equivalencia en el nivel de seguridad sea certificada por un organismo de evaluación de la conformidad, de acuerdo con lo previsto en la normativa en materia de servicios electrónicos de confianza.

3. La forma en que se ha procedido a identificar a la persona física solicitante podrá constar en el certificado. En otro caso, los prestadores de servicios de confianza deberán colaborar entre sí para determinar cuándo se produjo la última personación.

4. En el caso de certificados cualificados de sello electrónico y de firma electrónica con atributo de representante, los prestadores de servicios de confianza comprobarán, además de los datos señalados en los apartados anteriores, los datos relativos a la constitución y personalidad jurídica, y a la persona o entidad representada, respectivamente, así como la extensión y vigencia de las facultades de representación del solicitante mediante los documentos, públicos si resultan exigibles, que sirvan para acreditar los extremos citados de manera fehaciente y su inscripción en el correspondiente registro público si así resulta exigible. Esta comprobación podrá realizarse, asimismo, mediante consulta en el registro público en el que estén inscritos los documentos de constitución y de apoderamiento, pudiendo emplear los medios telemáticos facilitados por los citados registros públicos.

5. Cuando el certificado cualificado contenga otras circunstancias personales o atributos del solicitante, como su condición de titular de un cargo público, su pertenencia a un colegio profesional o su titulación, estas deberán comprobarse mediante los documentos oficiales que las acrediten, de conformidad con su normativa específica.

6. Lo dispuesto en los apartados anteriores podrá no ser exigible cuando la identidad u otras circunstancias permanentes de los solicitantes de los certificados constaran ya al prestador de servicios de confianza en virtud de una relación preexistente, en la que, para la identificación del interesado, se hubiese empleado el medio señalado en el apartado 1 y el período de tiempo transcurrido desde la identificación fuese menor de cinco años.

7. El Ministerio de Asuntos Económicos y Transformación Digital velará por que los prestadores cualificados de servicios electrónicos de confianza puedan contribuir a la elaboración de la norma reglamentaria prevista en el apartad 2 del presente artículo, de acuerdo con lo previsto en el artículo 26.6 de la Ley 50/1997, de 27 de noviembre, del Gobierno.

3. Autoridades de Certificación

Los responsables de emitir y revocar los certificados digitales o electrónicos, utilizados en la firma electrónica, son las autoridades de certificación.

A continuación, le mostramos las principales autoridades de certificación españolas que emiten certificados electrónicos de persona física:

1. Fábrica Nacional de Moneda y Timbre (FNMT).

2. Agència Catalana de Certificació (CATCert).

3. Agencia Notarial de Certificación (ANCERT).

4. ANF Autoridad de Certificación (ANF AC).

5. Autoridad de Certificación de la Abogacía (ACA).

6. Autoridad de Certificación HealthSign.

7. Autoritat de Certificació de la Comunitat Valenciana (ACCV).

8. Camerfirma.

9. EDICOM.

10. Firma Profesional.

11. IZENPE.

En esta unidad hemos tratado:

- La **firma electrónica,** entendida como un conjunto de datos que pueden identificar al firmante y que se caracteriza por:

  ⇨ Autentificación.

  ⇨ Integridad.

  ⇨ No repudio.

- El **certificado electrónico**. Hemos visto que se puede obtener de una autoridad de certificación o a través de determinadas empresas constituidas como entidades colaboradoras y que pueden hacerlo tanto las personas físicas como las jurídicas.

  También hemos estudiado paso a paso, cómo obtenerlo:

  ⇨ Configuración previa para la configuración de claves.

  ⇨ Solicitud en la web https://www.sede.fnmt.gob.es/.

  ⇨ Acreditación de la propia identidad (una vez tengamos el código de solicitud).

  ⇨ Descarga del certificado (en el mismo ordenador y con el mismo usuario).

- Además, con la **Ley 6/2020, de 11 de noviembre**, reguladora de determinados aspectos de los servicios electrónicos de confianza, hemos estudiado que la identidad del titular se consigna:

  ⇨ Certificados de firma electrónica y autentificación de sitios web-persona física: nombre y apellidos + número de DNI (o nº de identidad de extranjero o de identificación fiscal).

  ⇨ Certificados de sello electrónico y de autenticación de sitio web- persona jurídica: denominación o razón social + número de identificación fiscal.

- Las **Autoridades de Certificación**. Son quienes emiten y revocan los certificados digitales o electrónicos utilizados en la firma electrónica.

UNIDAD DIDÁCTICA 5

Seguridad y recomendaciones

Contenido & Objetivos

Introducción

1. Seguridad Informática

2. Requisitos en las transacciones

3. Riesgos comunes

4. Recomendaciones para los usuarios

5. Gestión de incidentes, detección de intrusiones y protección

6. Obligaciones de seguridad de la información

Resumen

Los **objetivos** de esta unidad son:

1. Definir los conceptos fundamentales en las transacciones, así como los riegos comunes.

2. Desarrollar los conceptos generales de gestión de incidentes.

Introducción

Existen numerosas motivaciones por las que un atacante puede decidirse a abordar los sistemas de información de una organización, desde la simple diversión hasta razones económicas, pasando por disconformidades con las directrices empresariales o por motivos de superación personal. Estas motivaciones, unidas a la dependencia de las organizaciones respecto de los sistemas de información y de comunicaciones, han hecho que los ataques se hayan incrementado exponencialmente con el desarrollo de las nuevas tecnologías.

La dedicación de un esfuerzo adicional a la seguridad de los sistemas por parte de los responsables es una tendencia común en toda organización para preservar su correcta operatividad. Además de adoptar las medidas preventivas que impidan la materialización de las amenazas, en el establecimiento de una política de seguridad adecuada es necesario definir una capacidad de respuesta de la organización. Esta capacidad de respuesta supone dotar a la Organización de los medios adecuados que permitan restablecer el sistema en el menor tiempo posible, resolver los problemas derivados del incidente e investigar las causas que lo provocaron.

1. Seguridad Informática

La seguridad informática consiste en asegurar que los recursos del sistema de información de una organización se utilizan de la manera apropiada y que el acceso a la información contenida, así como su modificación, solo sea posible a las personas que se encuentren acreditadas y dentro de los límites de su autorización. La vulnerabilidad de los datos utilizados en los medios informáticos es una de las principales preocupaciones de las personas que realizan operaciones comerciales a través de la Red.

Las compañías proveedoras de servicios de Internet y las empresas dedicadas a comercializar a través de la misma han solicitado, propuesto y desarrollado una serie de medidas de seguridad jurídicas y técnicas para evitar daños y perjuicios en sus sistemas de seguridad.

Dos casos comunes dentro de los servicios de la sociedad de la información son los siguientes:

- Acceso indebido a información.

- Introducción de virus informáticos.

Ante los altos costos que significaba reparar los daños causados a las vulneradas fuentes de información electrónica, a finales de la década de los ochenta el Gobierno Federal de los Estados Unidos de América creó el *Computer Emergency Response Team* (CERT) como respuesta a la amenaza constante de la intromisión y los consecuentes daños a los sistemas informáticos.

2. Requisitos en las transacciones

Las transacciones en Internet han de cumplir los siguientes requisitos:

1. **Identificación:** los comerciantes deberán poner a disposición de sus consumidores y usuarios, información relativa a su identificación, medios de contacto o atención al cliente, así como aquella información específica relativa a la identificación de su actividad en los casos legalmente exigidos (licencias, colegiación, etc.).

2. **Características de productos y servicios**: deberá facilitarse a los consumidores información concreta acerca de las características de los productos y servicios objeto de comercialización.

3. **Costes**: en relación con los costes de la transacción, se deberá facilitar al consumidor el desglose claro y comprensible del precio total de la transacción, así deberá expresarse: precio del producto, impuestos, gastos de transporte, posibles gastos asociados al medio de pago, etc.

4. **Forma de pago y modalidades de entrega o ejecución**: deberán especificarse las formas de pago que el comerciante pone a disposición del consumidor, especificando en cada caso el procedimiento de pago. Igualmente se facilitarán al consumidor las modalidades de entrega o ejecución previstas.

5. **Renuncia o desistimiento**: la normativa otorga al consumidor el derecho de desistimiento o renuncia del contrato durante el plazo de catorce días naturales. Por ello, deberá facilitarse al consumidor información relativa al ejercicio de su derecho de desistimiento; procedimiento, condiciones, etc.

6. **Disponibilidad del documento contractual**: se trata de un aspecto específico de la contratación electrónica, pues el comerciante deberá garantizar la puesta a disposición del consumidor del documento contractual, así como informar si va a proceder al archivo o mantenimiento del mismo, y las condiciones para su acceso, en su caso.

    En estos casos, podrá acudirse a los denominados "Terceros de Confianza" cuyo principal objetivo es dotar de garantías de autenticidad y seguridad jurídica al documento contractual en caso de conflicto entre las partes, a través de la utilización de certificados de firma electrónica, sellados de tiempo en el almacenamiento de los documentos contractuales.

7. **Resolución de conflictos/adhesión a Códigos de Conducta**: en las condiciones de venta o documento contractual, el comerciante deberá informar acerca de los procedimientos previstos en caso de conflicto entre las partes (procedimientos extrajudiciales de resolución de conflictos, etc.), y si el mismo se encuentra adherido a algún Código de Conducta.

3. Riesgos comunes

Los riesgos comunes en el uso de Internet están relacionados con la protección de la información y va desde su conservación hasta el evitar su alteración o desaparición en un momento dado por causas ajenas al usuario o propietario de la misma.

Son tres aspectos que podrían considerarse como prioritarios para garantizar la seguridad de las comunicaciones realizadas a través de medios electrónicos:

- La información debe mantenerse confiable hacia quienes la utilizan para que esta no presente alteraciones o pueda ser destruida.

- La disponibilidad que deben los servicios de Internet para quienes lo requieran a todas horas del día.

- El acceso, en cuanto a la necesidad de controlar los accesos a la información confidencial de que se trate para que solamente puedan hacerlo quienes tengan autorización para ello.

Aunque el uso generalizado de Internet representa un logro en el terreno de las comunicaciones, su carácter abierto y generalizado lo convierte en una plataforma para desarrollar cualquier tipo de actividad donde se incluye en alto porcentaje la actividad económica, específicamente el **comercio electrónico**.

Se requiere un nivel adecuado de seguridad que garantice las transacciones realizadas por la Red y que a su vez genere la confianza necesaria para poder explotar el potencial comercial latente que por ese medio existe.

La confianza es la base de toda relación mercantil, representa en todo caso un factor importante para la toma de decisiones y proporciona la seguridad necesaria para llevar a buen término la operación de que se trate. Sin embargo, cuando las operaciones de comercio se llevan a cabo por Internet el primer sentimiento que invade a las partes es el de la desconfianza, aunque no por ello este mismo no pueda sentirse en las transacciones tradicionales realizadas en papel. Es por ello que la seguridad de la comunicación es parte básica de todo proceso llevado a cabo en la nueva sociedad de la información y, aunque algunos autores debaten y digan que la seguridad absoluta no existe, lo cierto es que las medidas adoptadas a esta momento si bien no han sido suficientes ni amplias para regular tal aspecto, al menos han retomado fuerza e importancia dentro de los organismos públicos y privados que buscan las formas de implementar mejores medidas de seguridad cada día.

4. Recomendaciones para los usuarios

Es importante tener en cuenta una serie de pautas a la hora de hacer uso de las posibilidades del comercio electrónico.

Deberás estar atento a las siguientes cuestiones:

- Comprueba que la página web donde compras es segura y contiene la identidad y la dirección de la empresa vendedora.

- Identifica las características del producto o servicio, el precio y el coste del transporte, la forma de pago y la modalidad de entrega.

- Antes de confirmar la compra, vigila que no haya opciones marcadas sobre la pantalla que puedan implicar gastos adicionales (seguros de viaje, envíos urgentes, donativos o aportaciones adicionales a la compra, etc).

- Asegúrate de que el vendedor te envía la confirmación de la compra con la referencia de la transacción y guarda el mensaje.

- En caso de incidencias, guarda siempre constancia de los errores y de los contactos efectuados con el comercio por si necesitas realizar alguna reclamación.

- La entrega del producto o servicio debe realizarse dentro de los 30 días siguientes a la realización de la compra, excepto que en la oferta se indique otro plazo.

- Dispones de un periodo mínimo de 14 días para devolver la compra, excepto productos personalizados, perecederos, que no se puedan reutilizar por razones de higiene, entradas de espectáculos, etc. Lee atentamente la información sobre la política de cambios.

- Si te han concedido un crédito para financiar el precio del contrato, el ejercicio del derecho de desistimiento implica la resolución del crédito sin penalización.

- El envío del producto debe contener la dirección de contacto del establecimiento, la factura correspondiente, la garantía y el formulario de desistimiento.

- En caso de reclamar y no recibir respuesta o si esta no respeta los derechos convenidos, debes contactar con una Oficina Pública de Información al Consumidor.

5. Gestión de incidentes, detección de intrusiones y protección

5.1. Introducción

Atendiendo a la norma ISO 27001:2005, un incidente de seguridad es un evento no deseado o no esperado que puede amenazar la seguridad de la información comprometiendo significativamente las operaciones de negocio.

 **ISO** es la Organización Internacional de Normalización (en inglés, *International Organization for Standardization*). Su misión es la elaboración de normas, de carácter internacional, que formulan recomendaciones de buenas prácticas en numerosos ámbitos, entre ellos, la seguridad de la información.

La gestión de incidentes referida a la seguridad de las tecnologías de la información y comunicaciones permitirán fundamentalmente dos aspectos:

1. Establecer un procedimiento que permita una reacción efectiva de la organización disminuyendo el impacto que el incidente provoque.

2. Disponer de un mejor conocimiento de las vulnerabilidades del sistema que permita fortalecer la protección de los sistemas en el presente y prevenir incidentes similares en el futuro.

Cada sistema de información puede atender a un negocio concreto y únicamente el responsable de dicho negocio sabe qué le interesa proteger y de qué o de quién. Por supuesto que existen medidas generales que, prácticamente interesan a todos, pero lo más habitual es adecuarlas a cada caso. En esta tarea puede ayudar un análisis de impacto de los incidentes.

 El **análisis de impacto** es el ejercicio que trata de averiguar las consecuencias de un incidente de seguridad en un sistema, en una infraestructura o en una organización.

El análisis tratará de responder a las siguientes preguntas: ¿qué pasaría si se revelara un dato confidencial?, ¿qué ocurriría si se manipula información de la empresa? o también, ¿qué sucedería si nos quedásemos sin servidor web durante X horas en nuestra tienda virtual?, ¿cuánto dinero podríamos perder? No menos importante resulta el aspecto de la reputación. Según de quién se trate, el incidente puede llegar a tener repercusión mediática que puede influir negativamente en la imagen corporativa.

Las respuestas no siempre son fáciles de cuantificar. Es necesario un gran conocimiento del negocio para poder valorarlas. A efectos del análisis de riesgos, la estimación del impacto es un dato de entrada.

En algunas ocasiones, estos datos se conocen por la existencia de una legislación o por obligaciones contractuales que marcan las cifras. Se conocen como Acuerdos de Nivel de Servicio (en inglés, *Service Level Agreement*, SLA). En otras ocasiones, es simplemente la estrategia empresarial que ha marcado la Dirección.

No suele tratarse de un aspecto sino de gobierno de la organización. Habitualmente es más importante conocer el daño que podría derivarse de un fallo de seguridad que cuantificar el coste del sistema de información en sí mismo.

Es fundamental la existencia de un buen inventario de activos, tanto de equipamiento como de personas. Al principio puede resultar curioso incluir a las personas como un activo, pero la experiencia muestra que son numerosos los incidentes provocados por fallos humanos y no siempre de manera fortuita.

Tras inventariar activos y amenazas, hay que calificar cada escenario posible para conocer su impacto y su riesgo:

- El impacto informa de las consecuencias para el negocio.

- El riesgo va un paso más allá y ordena los incidentes según la probabilidad de que ocurran.

Estas estimaciones facilitarán que se prioricen los riesgos y que se focalice en aquellos eventos más probables de provocar las peores consecuencias.

Impacto y riesgo son indicadores del estado de seguridad y ayudan a tomar decisiones. El impacto mide lo que puede pasar. El riesgo mide lo que probablemente pase.

Típicamente pueden darse **cuatro formas** de afrontar los riesgos:

1. **Evitar la situación**. Se hace obligatorio preguntarse si necesitamos todo lo que tenemos. ¿Es sensato ubicar un servidor web en el mismo equipo en el que se encuentra nuestro servidor de bases de datos de producción para ganar algo de velocidad? Estamos poniendo algo más fácil que alguien consiga hacerse con información crítica para el negocio. Podríamos separar el servidor de producción del de acceso público y así el escenario de riesgo se transforma.

2. **Mitigar el peligro, aliviar el riesgo o ambos**. El riesgo se mitiga con medidas preventivas. Un cifrado del disco de un equipo portátil no evitará un posible olvido del mismo en un transporte, pero sí que los datos lleguen a manos no autorizadas. El impacto se reduce con medidas reactivas o de recuperación. Contar con un sistema de copias de seguridad no evitará que el servidor de bases de datos sea comprometido o que los datos se encuentren corrompidos, pero sí nos permitirá recuperar la información y continuar con el negocio.

3. **Derivarlo, pasárselo a otro**. Pese a que pueda resultar extraño, se trata de una situación cotidiana. Contamos con seguros de hogar, de vehículo, antirrobo, etc. Estamos pasando los riesgos a la compañía aseguradora. Además, esta-

mos viviendo una verdadera explosión de servicios que se comparten: desde gastos empresariales al ubicar nuestros negocios en "viveros" de empresas, hasta en aspectos más de índole particular, como por compartir los coches "car sharing", por ejemplo. En nuestro caso se están compartiendo los riesgos. Existen muchas variantes en los acuerdos entre partes.

4. **Aceptarlo**. También parece extraño que se acepten los riesgos sin más, pero nuevamente, forma parte de nuestra vida cotidiana. Utilizamos transportes pese al riesgo de accidentes y abrimos negocios web pese a los riesgos de ataques o de fraude porque, después de evaluarlos, decidimos que los presuntos beneficios de nuestra actividad compensarán los posibles riesgos.

En cualquiera de los casos, son decisiones que pertenecen al ámbito de la Dirección. No puede tomarlas un técnico. Muchas actividades consisten en asumir riesgos para alcanzar beneficios. El análisis de riesgos proporciona información para conocer qué está en juego y así tomar decisiones informadas.

Conviene, además, no olvidar que también se trata de una cuestión de recursos: técnicos, humanos y económicos. La decisión se toma en función de las consecuencias y del coste de la solución. El análisis de riesgos califica y cuantifica las consecuencias y el responsable del negocio decidirá cuántos recursos puede justificar para la solución. Es una cuestión de equilibrio.

Cabe reseñar que el análisis de riesgos ha de ser tan cambiante como el entorno al que se aplica. El riesgo no es particular del negocio, sino que también analiza qué puede ocurrirle a un sistema enfrentado a cierto entorno. En necesario seguir con extremo cuidado los cambios del entorno: no únicamente por la existencia de atacantes sino por los cambios de legislación o de prácticas del sector que pueden obligar a un nuevo diseño o enfoque. Conviene ser ágiles y rápidos. La gestión de riesgos se utiliza para adoptar medidas estructurales mientras que los detalles tratan de combatir incidentes concretos.

5.2. Conceptos generales de gestión de incidentes de seguridad

Para que la información cumpla unos estándares de seguridad adecuados deberá contener tres propiedades:

- **Confidencialidad de la información**: es la propiedad mediante la cual se garantiza el acceso a la misma exclusivamente por los usuarios autorizados a ello.

- **Integridad de la información**: es la propiedad que garantiza que no ha sido alterada y que se ha mantenido intacto el documento original que contenía dicha información. Esta únicamente podrá ser modificada por los usuarios autorizados.

- **Disponibilidad de la información**: es la propiedad que garantiza que se encuentre disponible para los usuarios cuando sea requerida.

Un **incidente de seguridad** en un sistema lo constituye cualquier situación en la que pueda verse amenazada una información o una infraestructura y pueda dar lugar a una pérdida de confidencialidad, integridad y disponibilidad.

La **gestión de incidentes de seguridad** comprende el ciclo entero del incidente: inicio, identificación, comunicación, registro, evaluación, investigación y resolución.

La c**apacidad de respuesta** ante un incidente de seguridad la constituirá la suma de los recursos humanos, técnicos, materiales y procedimentales encargados de identificar y gestionar los incidentes de seguridad. Habitualmente, suelen agruparse en equipos de resolución de incidentes. La gestión de incidentes de seguridad ha de formar parte de la política de seguridad de tecnologías de la información y comunicaciones.

Los incidentes pueden tener su origen dentro o fuera de una organización y ser provocados directamente por un atacante, indirectamente a través de un agente o, incluso, fortuitamente.

El alcance de la gestión de incidentes no ha de limitarse al establecimiento de la capacidad de reacción, sino que debe proporcionar la base para la prevención de incidentes futuros. Es necesario, para ello, el fomentar la consciencia de los usuarios en relación a los incidentes de seguridad y los riesgos asociados a los sistemas.

El siguiente cuadro muestra cómo la gestión centralizada de incidentes pretende resolver la problemática al afrontar un incidente de seguridad.

Problemas actuales	Gestión centralizada de incidentes
El usuario no conoce qué es un incidente de seguridad.	Definir lo que constituye un incidente de seguridad.
El usuario no dispone de un modelo de informe.	Normalizar un formato de informe.
El usuario no conoce a quién recurrir ante un incidente.	Establecer un procedimiento de aviso.
No hay responsables ni cometidos asociados.	Designación de responsabilidades.
No existe registro centralizado.	Automatización del registro mediante una base de datos y aplicación asociada.
La información sobre incidentes se encuentra dispersa en los departamentos.	Centralización de la información.
La catalogación del incidente se complica por falta de criterio.	Definir un criterio.
El incidente se resuelve por personas que pueden no ser adecuadas para resolverlo y cuya selección no se ajuste a un criterio claro.	Constitución de un equipo preparado, con conocimientos y recursos suficientes.
Olvido general tras la resolución del incidente.	Difundir información a los usuarios con las conclusiones que permitan evitar incidentes similares.

En todo caso, una gestión adecuada de incidentes de seguridad debería permitir:

- Establecer una vía de comunicación rápida de los hechos que permita reaccionar a tiempo.

- Llevar a cabo la contabilidad y el registro de los incidentes de seguridad.

- Aislar cada incidente, evitando así la propagación de elementos que produzcan una situación de riesgo.

- Adoptar decisiones a largo plazo si el impacto del incidente provoca un compromiso de la información o de la infraestructura que pudiera originar consecuencias graves.

- Asegurar la integridad y disponibilidad de los sistemas críticos si el incidente afecta a los mismos.

- Mantener y recuperar la información.

- Mantener y recuperar los servicios.

- Determinar el modo, los medios, los motivos y el origen del incidente.

- Señalar e identificar el origen siempre que sea posible.

- Analizar y proponer las correspondientes medidas que posibiliten la prevención de incidentes de naturaleza similar en el futuro.

La prioridad de las acciones a realizar dependerá de cada caso concreto y será establecida en función de la criticidad de los elementos afectados (no es lo mismo una estación de trabajo que un servidor web, por ejemplo) y del potencial efecto que produciría el incidente (desde destrucción de datos hasta poner en compromiso la contraseña del administrador, por ejemplo).

En el caso concreto de sistemas que gestionen información clasificada, suele prevalecer la información contenida en dichos sistemas por encima de los equipos o servicios instalados en los mismos.

5.3. Tipos de incidentes de seguridad

Existen diversas clasificaciones de la tipología de los incidentes de seguridad que pueden ocurrir en un sistema.

▶ **Accesos no autorizados**

Son ingresos y operaciones no autorizadas a los sistemas, con o sin éxito. En esta categoría podríamos encontrar:

- Robo de información.

- Borrado de información.

- Accesos no autorizados con éxito.

- Alteración de la información.

- Intentos de acceso no autorizado, tanto recurrentes como no recurrentes.

- Mal uso o abuso de los servicios informáticos que requieren autenticación, tanto internos como externos.

▶ **Código malicioso (en inglés *Malware*)**

Son incidentes que consisten en la infiltración de variantes de software sin autorización del propietario del sistema. Constituirían este tipo de incidentes:

- Virus informáticos.

- Troyanos. Código malicioso que entra en un sistema como un programa inofensivo en apariencia pero que, al ser ejecutado, puede habilitar el acceso remoto al sistema a usuarios no autorizados.

- Gusanos. Se trata de un código malicioso que, una vez logrado el acceso al sistema, se replica a sí mismo. No suele alterar los archivos existentes, pero sí afecta al rendimiento del sistema, pues consume sus recursos.

▶ **Denegación del servicio (en inglés Denial of Service, DoS)**

Se trata de eventos que producen la pérdida de un servicio concreto o de varios, impidiendo su ejecución normal. Tiempos de respuesta muy bajos y servicios inaccesibles sin motivo aparente suelen ser los indicadores más habituales de este tipo de incidentes.

▶ **Pruebas, intentos de obtención de información o escaneos**

Son operaciones que tratan de conocer las acciones que se producen en un sistema. Algunas de ellas son:

- Sniffers. Aplicaciones cuya función es la de obtener la información que envían los distintos equipos de un sistema.

- Detección de vulnerabilidades. Son aplicaciones que explorar las vulnerabilidades de un sistema para aprovecharse de ellas con posterioridad.

▶ **Mal uso de los recursos tecnológicos**

Son acciones que atacan los sistemas de información mediante su uso indebido. Algunas de ellas son:

- Violación de normativas de uso, por ejemplo, de acceso a Internet.

- Mal uso o abuso de servicios informáticos, tanto internos como externos.

- Mal uso o abuso del correo electrónico.

- Violación de las políticas, procedimientos y normas de seguridad informática de una organización.

5.4. Detección y notificación de un incidente

5.4.1. Detección

Cualquier miembro de una organización (usuario, administrador, personal de mantenimiento, etc.) que detectase una circunstancia anómala y que, de acuerdo a su criterio, pudiese afectar a la seguridad de un sistema, debería ser responsable de informar de la incidencia.

El uso de aplicaciones de seguridad, como los detectores de intrusos, herramientas de correlación de eventos, software antivirus, software de prueba de integridad, etc., se hace esencial para la detección prematura de incidentes.

5.4.2. Notificación

La complejidad de los sistemas dificulta la distinción entre fallos imprevistos (físicos o lógicos) y ataques a los mismos. Por tanto, ante un indicio de incidente, una de las primeras acciones a realizar por parte de cualquier componente de la organización es comunicarlo.

Ha de evitarse que el desconocimiento sobre la naturaleza de los incidentes de seguridad pueda hacer dudar a los usuarios en su forma de actuar. Esto es, los procedimientos han de ser sencillos y muy claros, permitiendo así su ejecución ante la menor sospecha de que pudieran estar produciéndose.

La exactitud con la que el usuario debe informar de lo sucedido es crucial. Cualquier dato puede beneficiar a la investigación. Por el contrario, una información incompleta podría entorpecer e incluso empeorar la situación.

Una comunicación típica podría efectuarse de alguna de las siguientes maneras:

- Contactando con el centro de atención al usuario de la organización en la forma que esta lo haya establecido (teléfono, correo electrónico, portal de incidencias, etc.). Se proporcionará una breve descripción de lo sucedido para alertar a la organización y comenzar a preparar una línea de actuación.

- Redacción de una notificación de acuerdo al modelo normalizado (por ejemplo, un Formulario de Incidentes) definido por la organización y que contenga toda la información relativa al incidente que pudiera ser de utilidad.

El usuario ha de contar en todo momento con el soporte de los responsables de seguridad del sistema que haya sufrido el incidente para cumplimentar correctamente los apartados del formulario que desconozca.

El formulario ha de estar disponible en un lugar conocido por todos los usuarios y ser fácilmente accesible.

5.5. Fases de ejecución

La gestión de los incidentes de seguridad es un proceso que se debe articular en fases. Estas se iniciarán tan pronto como se tenga constancia o se sospeche de la existencia de un incidente. Serán desarrolladas por el centro de atención a usuarios –si existe y dispone de los medios y conocimientos necesarios– o por el equipo de resolución de incidentes creado para hacerse cargo de estos aspectos.

Las distintas fases que se desarrollan una vez notificado un incidente son:

5.5.1. Contención

Su propósito es el de limitar la extensión del incidente. El centro de atención a usuarios realizará una valoración inicial sobre la naturaleza y alcance de dicho incidente. En su caso, lo comunicará a los responsables del sistema afectado. Por tanto, es necesario que el centro de atención a usuarios disponga de un inventario completo y actualizado de todos los sistemas de la organización y de sus responsables para cumplir con el precepto de una rápida comunicación.

La Organización debería contar con procedimientos de contención detallados para incidentes tipo (código malicioso, denegación de servicio, accesos no autorizados, escalada de privilegios de un usuario, etc.). Para el resto de casos, los responsables del sistema evaluarán la conveniencia de desconectar, deshabilitar o impedir determinados recursos o servicios del mismo. El centro de atención a usuarios proporcionará las alarmas precisas por el medio establecido a los usuarios (desconexión, cierre de sesión, bloqueo de fichero o recurso afectado, etc.).

Resulta bastante clara la criticidad de esta fase en casos, por ejemplo, de amenaza de virus.

5.5.2. Análisis

El centro de atención a usuarios –de forma paralela a la fase de contención–, iniciará el análisis del incidente obteniendo la máxima información disponible. Para ello debería contar con recursos necesarios para el adecuado registro y seguimiento de toda la información relacionada. Los hechos han de analizarse determinando con total rigor si se trata realmente de un incidente de seguridad para, una vez realizado su registro, llevar a cabo su resolución.

Si el centro de atención a usuarios no dispusiera de recursos o conoci¬mientos necesarios para la resolución, deberá recurrir a los equipos especializados en resolución de incidentes. En todo momento, los responsables del sistema afectado han de conocer esta circunstancia. Los equipos de resolución de incidentes analizarán toda la información disponible. Resultará muy conveniente la participación del administrador de seguridad del sistema afectado.

Los usuarios y responsables del sistema deben conocer qué pasos tomar para preservar las pruebas del incidente. El conocimiento de los parámetros de configuración del sistema afectado puede ser importantísimo, así como las medidas de seguridad que se implantaron en el sistema. Asimismo, la disponibilidad de los ficheros de registro (logs) es fundamental. Por ello, es muy importante establecer el nivel mínimo de información de registro de actividad que cada dispositivo generará. Conviene un nivel alto para los dispositivos críticos.

Una gestión centralizada de ficheros de registro agiliza su análisis y permite que durante esta fase los registros de actividad no sean modificados. Es muy recomendable que todos los dispositivos se encuentren sincronizados para facilitar la correlación y el análisis.

Deberá evitarse la manipulación directa de los soportes de información y del sistema afectado. Siempre que sea posible, se trabajará con una imagen del sistema con dos finalidades:

- Para trabajar con los datos tal y como se encontraban antes del incidente.

- Para evitar una posible pérdida irreversible de los datos.

Resulta muy deseable realizar una captura de la información de naturaleza volátil (estado de las conexiones de red, configuraciones de todo tipo de interfaces, procesos, sesiones y ficheros abiertos, contenido de la memoria RAM, etc.).

La recogida de la siguiente información puede resultar de gran utilidad:

- Datos de identificación (localización, número de serie del equipo, nombre, modelo, dirección IP, dirección MAC, etc.).

- Identificación de la persona o personas que han recogido evidencias.

- Fecha y hora de la aparición de la evidencia.

- Lugar de almacenamiento de la evidencia.

Tanto el centro de atención a usuarios como el equipo de respuesta a incidentes tienen la obligación de documentar todas las acciones que realicen sobre los sistemas afectados con los medios que cuenten (fotografías, pruebas impresas, grabación con vídeo, etc.). Todas las pruebas recogidas en la fase de análisis serán almacenadas de forma segura, restringiendo su acceso a personal autorizado. En el caso de que durante el análisis se extrajera la conclusión de la existencia de una negligencia muy grave o comportamiento intencionado de un usuario, se pondrá en conocimiento de los responsables de seguridad del sistema.

En el caso de que el incidente pudiese implicar procedimientos legales, tanto civiles como penales, las pruebas recogidas han de ser tratadas conforme a la legislación vigente. Habitualmente, habrá que considerar los siguientes factores

- Admisibilidad: la prueba podrá o no ser utilizada ante los tribunales.

- Entidad: se refiere a la calidad, integridad y profusión de la evidencia.

- Pertinencia: es necesario asegurar que los controles para el almacenamiento de la prueba son los adecuados.

- El período de retención de la evidencia.

5.5.3. Restablecimiento

El objetivo de esta fase es el restablecimiento del servicio, la información y los recursos afectados. Se realizarán las acciones necesarias para recobrar las capacidades del sistema y que vuelva a prestar con normalidad el servicio. Esta fase es competencia de los responsables de seguridad del sistema, que podrían recibir el apoyo del equipo de respuesta a incidentes.

Los responsables del sistema han de estar plenamente informados, tanto de las actividades que se estén desarrollando en dicho sistema como del momento en que se encuentre operativo de nuevo. El centro de atención a usuarios se encargará de comunicar a los usuarios en qué momento los recursos o servicios afectados vuelvan a estar disponibles.

5.5.4. Resolución

Una vez finalizadas las fases anteriores, se deben dar los pasos oportunos para que el incidente quede resuelto o cerrado. Puede considerarse que un incidente queda cerrado cuando:

1. Se ha restablecido toda la información, recursos y servicios afectados y el sistema vuelve a estar plenamente operativo.

2. Se dispone de un conocimiento razonable de:

   - ¿Qué ha ocurrido?

   - ¿Por qué ha ocurrido?

   - Las pérdidas ocasionadas en términos de servicio o recursos afectados.

   - La información que ha sido comprometida.

   - Se tiene conocimiento de quién o qué ha sido el causante del incidente.

   - Se inicia la búsqueda de las medidas a implantar para que se cuente con una certeza de que no volverá a ocurrir en las mismas condiciones.

Un incidente cerrado es aquel en el que no se ha conseguido conocer alguno de los puntos anteriores y en el que, a decir de los expertos en resolución de incidentes, se han agotado todas las posibilidades de análisis e investigación para su resolución.

5.5.5. Conclusión

Esta fase consiste en la elaboración y presentación de conclusiones de todas las fases del proceso de gestión de un incidente. Puede coincidir cronológicamente con la fase anterior. Según la naturaleza y el alcance del incidente, la presentación de conclusiones podría limitarse a cumplimentar ciertos campos en un formulario de gestión de incidentes de seguridad o a la redacción de un informe que se remitiría a la autoridad de seguridad correspondiente.

No obstante, debe quedar constancia de toda la información relevante del incidente. Asimismo, el informe podrá contener cuantas propuestas se consideren necesarias para evitar incidencias futuras en los sistemas de información. Resulta de especial relevancia la difusión, dentro de la organización, del incidente con objeto bien de evitar su repetición, bien de agilizar su resolución en el caso de volver a ocurrir.

5.6. Aplicación de gestión de incidentes de seguridad

Un desarrollo correcto del proceso de gestión requerirá la existencia de una aplicación informática que permita registrar todos los datos relativos a incidentes de seguridad.

La aplicación permitirá establecer los estados por lo que atraviesa un incidente de seguridad:

1. **Abierto**: el incidente ha sido dado notificado y registrado en la aplicación.

2. **Abierto y en proceso**: el incidente está siendo tratado por el centro de atención al usuario o ha sido asociado a un equipo de respuesta a incidentes y se encuentra en fase de resolución.

3. **Suspendido**: el incidente se encuentra en una fase de espera debido a la falta de recursos o de información imprescindible para continuar con el incidente en un espacio de tiempo razonable. Tanto el centro de atención al usuario como el equipo de respuesta a incidentes se encuentran a la expectativa.

4. **Cerrado**: el incidente ha sido resuelto o cerrado.

5. **Conclusiones**: las conclusiones ya han sido elaboradas.

Además del estado del incidente, los datos registrados deberían almacenar por cada incidente, al menos, los siguientes datos:

- Identificador único del incidente.

- Descripción del incidente (tipo, importancia, fecha y hora de aparición, etc.).

- Acciones llevadas a cabo para su resolución.

- Datos de contacto (responsables del sistema, personal que ha detectado el incidente, equipo de resolución, etc.).

- Datos del sistema afectado.

- Tipo de información afectada en el incidente.

- Listado de las evidencias recogidas.

- Próximas medidas a adoptar.

- Fecha de resolución.

- Observaciones.

Habrá que decidir si la aplicación es accesible por toda la organización o por parte de ella. En este último caso, se definiría un control de acceso con distintos privilegios de entrada, consulta, modificación y borrado de datos.

5.7. Incidentes que gestionan información clasificada

En este tipo de incidentes se debe comunicar inmediatamente la aparición del mismo a la autoridad del sistema y esta, en función del tipo de la información comprometida, reportará a la autoridad responsable de la acreditación. El equipo involucrado en la gestión del incidente ha de contar con la habilitación de seguridad adecuada.

Es preciso determinar si ha sido o no comprometida la seguridad de la información clasificada y, en su caso, de qué información se trata: su clasificación, número, fecha, originador, objeto y alcance. Asimismo, es necesario indicar el período en el que la información ha sido expuesta o comprometida, así como una estimación del número de personas que han accedido a ella. El incidente ha de ser notificado, igualmente, al originador de la información.

Durante el tiempo que dure la resolución del incidente, la autoridad responsable del sistema ha de ser informada periódicamente. Una vez resuelto, es conveniente elaborar y entregar un informe a dicha autoridad.

Toda la información relativa al incidente deberá ser mantenida y almacenada de acuerdo con la clasificación de la información comprometida.

5.8. Consideraciones finales. Beneficios y efectos adversos

Ante la posibilidad de la existencia de un incidente de seguridad en la organización, se hace preciso adoptar una serie de medidas, que pueden ser:

1. **Preventivas**: se aplican para evitar la ocurrencia de incidentes de seguridad. Como ejemplo estaría la utilización de contraseñas fuertes, el cifrado de la información, utilización de cortafuegos, etc.

2. **De detección**: sirven para detectar y controlar los incidentes de seguridad. Un ejemplo lo constituiría la realización de una auditoría de seguridad, revisiones de seguridad, etc.

3. **Correctivas**: se implementan una vez ha ocurrido el incidente de seguridad con el fin de que no vuelva a suceder, así como para restaurar la situación antes del incidente. Se trata de procedimientos de restauración, eliminación de código malicioso y auditoría forense.

La gestión de incidentes tiene como objetivo calcular y utilizar adecuadamente los recursos necesarios para aplicar correctamente las medidas de prevención, detección y corrección. Es preciso establecer unas pautas generales para lograr una correcta ejecución:

- **Prevención de los incidentes**: se aplicarán las medidas preventivas que eviten la aparición de incidentes.

- **Detección y reporte de los incidentes**: si el incidente se produce es preciso detectarlo y reportarlo a los responsables de su gestión.

- **Clasificación del incidente**: categorización del tipo de incidente ocurrido: acceso no autorizado, robo de información, borrado de la misma, etc.).

- **Análisis del incidente**: cómo se ha producido dicho incidente y qué daños ha provocado.

- **Respuesta al incidente**: es preciso la aplicación de las medidas correctivas para restaurar el sistema a la situación previa al incidente.

- **Registro de incidentes**: el registro, tanto del incidente como de las medidas adoptadas para solucionarlo, constituirá un histórico y un control de todos los incidentes ocurridos en el tiempo.

- **Aprendizaje**: el análisis de los posibles errores que causaron el incidente permitirá asentar las bases para que no vuelva a suceder.

El seguimiento de estas pautas permitirá a las organizaciones numerosos beneficios:

- Respuesta rápida, sistemática y eficiente a la aparición de un incidente.

- Rápida recuperación del sistema afectado, garantizando la mínima pérdida posible de información o de servicio.

- Generación de un histórico de incidentes y de las medidas adoptadas que dotará a la organización de una mejora continuada en la gestión y tratamiento de nuevos incidentes, así como la eliminación de la aparición de incidentes repetitivos.

- Mayor control de los procesos del sistema de información, así como del proceso de monitorización del mismo.

- Todo lo anterior repercutirá en una optimización de los recursos disponibles que, directamente, repercutirá en una mayor productividad de los usuarios.

Por contra, una gestión deficiente de los incidentes puede provocar efectos adversos:

- Bajo rendimiento por mala utilización de los recursos.

- Pérdida de información o de servicio en la organización.

- Lo anterior repercutirá en una pérdida de productividad, tanto en la infraestructura como en los empleados que, sin duda, provocará una pérdida competitiva en el negocio.

5.9. Conceptos generales de detección de intrusiones y su prevención

5.9.1. ¿Qué es una intrusión?

 Una **intrusión** puede ser definida como un conjunto de acciones que intentan comprometer o poner en peligro la integridad, la confidencialidad o la disponibilidad de un sistema informático.

Las intrusiones se pueden producir de varias formas:

- Atacantes que acceden a los sistemas desde Internet.

- Usuarios autorizados del sistema que intentan ganar privilegios adicionales para los cuales no están autorizados.

- Usuarios autorizados que hacen un mal uso de los privilegios o recursos que se les ha asignado.

Adicionalmente, pueden darse varias posibilidades en un ataque dependiendo de quién lo lleva a cabo:

⇨ **Penetración externa**: se define como la intrusión que se lleva a cabo a partir de un usuario o sistema no autorizado desde otra red.

⇨ **Penetraciones internas**: aquellas que se realizan por usuarios internos que no están autorizados al acceso.

⇨ **Abuso de recursos**: se define como el abuso que un usuario realiza sobre unos datos o recursos de un sistema al que está autorizado a acceder.

Es importante distinguir entre **actividad intrusiva y actividad anómala**. Las intrusivas se consideran un subconjunto de las anómalas. Podemos diferenciar:

- Intrusivas pero no anómalas. También denominadas Falsos Negativos. En este caso la actividad es intrusiva, pero al no ser anómala, no consigue detectarse.

- No intrusivas pero anómalas. Son los denominados Falsos Positivos. Aquí, la actividad es no intrusiva, pero como es anómala, se decide que es intrusiva.

- Ni intrusiva ni anómala. Son los denominados Negativos Verdaderos. La actividad es no intrusiva y se detecta como tal.

- Intrusiva verdadera. También denominados Positivos Verdaderos. Se trata de una actividad intrusiva y como tal es detectada.

5.9.2. Detección de intrusiones y su prevención

A) Detección de intrusos

La detección de intrusiones aborda la forma de protegerse contra ellas utilizando una combinación de técnicas de monitorización (patrones y firmas, anomalías y heurística), análisis, valoración de vulnerabilidades, acciones de defensa, auditoría y generación de informes.

Firmas: método de detección basado en marcas o características distintivas presentes en los ataques que explotan vulnerabilidades.

Heurística: técnica de indagación y descubrimiento basada en la experiencia.

La detección de intrusiones es una lucha contra el tiempo. Desde que se descubre una vulnerabilidad en un sistema o software hasta que las empresas desarrolladoras de ese producto o las de seguridad consiguen subsanarlo transcurre un período de tiempo en el que los sistemas son vulnerables. Es muy probable que durante ese lapso de tiempo alguien haya desarrollado una herramienta que será capacidad de explotar la vulnerabilidad. Esa herramienta se conoce comúnmente como exploit.

Exploit: estructura de software o secuencia de acciones cuyo objetivo es el aprovechar una vulnerabilidad en un sistema para conseguir un comportamiento no deseado del mismo.

La incorporación de dispositivos cortafuegos y de redes privadas virtuales (**VPNs**) hace disminuir el riesgo y los potenciales problemas, pero el hecho cierto es que se ha producido un enorme incremento de los intentos de ataques tanto a redes como a sistemas informáticos. El mayor volumen de información que hoy se puede encontrar en Internet provoca que la cantidad de mensajes publicados en las listas de vulnerabilidades, como **BUGTRAQ**, no pare de crecer. Estas vulnerabilidades están llegando a afectar a sistemas tradicionalmente seguros, como los cortafuegos, puesto que el aumento de las herramientas para producir ataques sofisticados también se ha incrementado y son de acceso prácticamente universal.

La tradicional visión en la que se contaba con un cortafuegos con unas políticas correctamente configuradas como línea de defensa ya no es válida, pues los ataques han evolucionado. Han aparecido nuevas técnicas de escaneo silencioso, gusanos y troyanos que atraviesan los cortafuegos mediante protocolos habitualmente permitidos por ellos: **HTTP** *(Hyper Text Transfer Protocol)* e **ICMP** *(Internet Control Message Protocol)* o incluso a través de los sistemas **DNS** *(Domain Name System)*.

Los atacantes buscan vulnerabilidades en los servicios que el cortafuegos permite y enmascaran sus ataques dentro de estos protocolos quedando la red expuesta.

Este nuevo escenario ha originado un aumento en la preocupación de las organizaciones por la seguridad. Se ha elevado el número de auditorías de las empresas que fabrican software sobre sus productos para reducir sus vulnerabilidades, así como las que evalúan el estado de la seguridad en una organización. Igualmente, los profesionales de la informática han tenido de actualizar sus conocimientos a esta nueva realidad.

BUGTRAQ: lista de vulnerabilidades analizadas y publicadas por un grupo de expertos en seguridad informática.

VPN: Virtual Private Network, tecnología que proporciona un mecanismo de comunicación segura de datos para la información transmitida entre dos extremos.

B) Prevención

Los motivos que invitan a la utilización de sistemas de detección de intrusiones en una organización pueden ser los siguientes:

- Posibilitan el descubrimiento de atacantes al sistema. Esto resulta siempre un elemento disuasorio ante la posibilidad de que un atacante pudiera ser descubierto y penalizado.

- Detectan ataques y otras vulnerabilidades de la seguridad que otros sistemas no consiguen. En numerosas ocasiones los atacantes acceden sin autorización a equipos que cuentan con numerosas vulnerabilidades que se lo han hecho más fácil. Los sistemas de detección de intrusiones pueden detectar los intentos de acceso y reportarlos de manera inmediata al responsable del sistema, para así tomar medidas y minimizar lo máximo posible el daño provocado por la intrusión.

- Detectan probaturas y ensayos de ataques. Es habitual que antes de un ataque a un sistema, los atacantes traten de examinarlo, buscando información sobre el mismo y las presuntas vulnerabilidades. Los sistemas de detección de intrusiones pueden detectar estas pruebas y escaneos, lo que permite estar sobre aviso y reforzar la seguridad de los sistemas objetivo de los atacantes.

- Justifican y documentan el riesgo de una organización. Cuando se elaboran las políticas de seguridad de una organización es obligatorio realizar una evaluación de los riesgos. Los sistemas de detección de intrusiones permiten conocer estos riesgos, así como documentarlos. De este modo, la política de seguridad establecida y las decisiones que se adopten en torno a ella estarán justificadas.

- Aportan información útil sobre las intrusiones y ataques que se producen en el sistema. Los sistemas de detección de intrusiones, aparte de bloquear intentos de ataque, recogen información de los ataques que se podrán utilizar como prueba del delito si se deseara emprender acciones legales contra los responsables de dicho ataque.

El **modelo de gestión** de seguridad para entornos de sistemas de información en red se fundamenta en dos sectores:

1. **Sector de prevención**: formado por el componente de Prevención.

2. **Sector de detección y respuesta**: formado por los componentes de Detección, de Investigación y de Post-incidente.

El desarrollo de sistemas seguros por medio del componente de Prevención es una de las partes importantes del sistema de seguridad. El componente de Detección identifica las brechas de seguridad, el de Investigación determinará qué ha sucedido exactamente con los datos obtenidos por el componente de detección. Este componente, además, puede incluir la recogida de datos adicionales que permitan la identificación del atacante, así como la capacidad de reacción ante un ataque. Por último, el componente de Post-incidente analizará la forma de evitar incidentes o intrusiones de carácter similar en el futuro.

Para prevenir este tipo de intrusiones contamos con los sistemas de prevención de intrusiones (en inglés Intrusion Prevention Systems, IPS) así como con los sistemas de detección de intrusiones (en inglés Intrusion Detection Systems, IDS). Ambos constituyen una línea de defensa adicional a los equipos y redes de una organización ante las posibles amenazas.

A pesar de contar con cortafuegos, las organizaciones necesitan utilizar algún tipo de sistema de detección y prevención de intrusiones, puesto que es imposible conocer si los cortafuegos están mal configurados o si algún atacante ha conseguido acceder a una red o incluso si el atacante forma parte de la organización. Si no se dispone de alguno de estos sistemas no puede conocerse en qué momento los atacantes intentarán atacar la Red.

6. Obligaciones de seguridad de la información

Siguiendo la Ley 6/2020, de 11 de noviembre, reguladora de determinados aspectos de los servicios electrónicos de confianza:

- Los prestadores cualificados y no cualificados de servicios electrónicos de confianza notificarán al Ministerio de Asuntos Económicos y Transformación Digital las violaciones de seguridad o pérdidas de la integridad señaladas en el artículo 19.2 del Reglamento (UE) 910/2014, sin perjuicio de su notificación a la Agencia Española de Protección de Datos, a otros organismos relevantes o a las personas afectadas.

- Los prestadores de servicios tienen la obligación de tomar las medidas necesarias para resolver los incidentes de seguridad que les afecten.

- Los prestadores de servicios ampliarán, en un plazo máximo de un mes tras la notificación del incidente y, de haber tenido lugar, tras su resolución, la información suministrada en la notificación inicial con arreglo a las directrices y formularios que pueda establecer el Ministerio de Asuntos Económicos y Transformación Digital.

La seguridad informática consiste en asegurar que los recursos del sistema de información de una organización se utilizan de la manera adecuada y que tanto la información como el acceso a la misma es posible solo para quienes tengan derecho a ello.

Los casos de inseguridad más comunes son el acceso indebido a información y la introducción de virus informáticos.

La gestión de incidentes trata de calcular y utilizar adecuadamente los recursos precisos. Si se produce un incidente de seguridad, sería necesario la adopción de medidas preventivas, de detección y correctivas.

UNIDAD DIDÁCTICA 6

Uso de la firma digital

Contenido & Objetivos

Introducción

1. **Organismos oficiales nacionales, autonómicos, locales**

2. **Transacciones comerciales y financieras**

Resumen

Los **objetivos** de esta unidad son:

1. Conocer los organismos oficiales nacionales, autonómicos y locales de certificación.

2. Reconocer los requisitos mínimos de validez y factores que influyen en la implantación de la facturación electrónica.

Introducción

La firma digital, como hemos estudiado a lo largo del curso, es el conjunto de datos en formato electrónico que acompaña a la información identificando al firmante.

Son en este sentido fundamentales la existencia de los certificados electrónicos que permiten transacciones seguras y las autoridades de certificación o prestadores de servicios de certificación que analizaremos a lo largo de esta unidad.

1. Organismos oficiales nacionales, autonómicos, locales

Los certificados electrónicos se obtienen de las **autoridades de certificación o prestadores de servicios de certificación**, como, por ejemplo, la Fábrica Nacional de Moneda y Timbre-Real Casa de la Moneda (FNMT-RCM) o la Agencia de Tecnología y Certificación Electrónica (ACCV). En nuestro país hay innumerables autoridades de certificación de ámbito estatal, autonómico, privadas y profesionales.

▶ **Fábrica Nacional de Moneda y Timbre-Real Casa de la Moneda**

Prestará sus servicios de validación con carácter universal a ciudadanos, empresas y Administraciones Públicas. Como proveedor de Servicios de Certificación a través de CERES ha implementado una serie de aplicaciones que permiten a la Administración, a los ciudadanos y a las empresas españolas realizar sus trámites a través de Internet de forma totalmente segura. Las nuevas soluciones de certificación y autenticación de identidad digital que ofrece la FNMT-RCM, proporcionan validez y seguridad a las transacciones electrónicas.

El proyecto CERES (Certificación Española) liderado por al FNMT-RCM consiste en establecer una Entidad Pública de Certificación, que permita autentificar y garantizar la confidencialidad de las comunicaciones entre ciudadanos, empresas u otras instituciones y Administraciones Públicas a través de las redes abiertas de comunicación.

▶ **Ministerio de para la Transformación Digital y de la Función Pública**

Prestará los servicios de validación al resto de las Administraciones Públicas.

▶ **Agencia de Tecnología y Certificación Electrónica**

La agencia presenta a través de su sitio web, además de la información general sobre los certificados digitales, información sobre productos y servicios, corporación y consultoría.

2. Transacciones comerciales y financieras

2.1. Requisitos mínimos de validez

Además de las obligaciones legales amparadas en el marco legal preciso, tanto el **emisor** como el **receptor** deben cumplir con una serie de requisitos mínimos para dar validez al proceso de facturación electrónica:

1. **Requisitos en la emisión de facturas electrónicas**

    a) Tener el consentimiento previo del receptor, sin el cual este no aceptará la facturación emitida y, por tanto, no habrá validez.

    b) Garantizar la autenticidad del origen y la integridad de las facturas. Esto implica que el receptor, o la entidad supervisora correspondiente, pueda reconocer inequívocamente y sin posibilidad de suplantación que es el emisor quien realmente ha emitido la factura y que, además, durante el proceso de envío no se ha producido ninguna modificación de los datos de la misma. Para garantizar este proceso, se utiliza la firma electrónica reconocida.

    c) Almacenar copia de las facturas. Este requisito no es necesario si se puede reconstruir una factura a partir de la información guardada en la base de datos de la empresa (matriz). A partir de dichos datos, se podrían emitir copias, duplicados, etc.

2. **Requisitos en la recepción de facturas electrónicas**

    a) Las facturas almacenadas deben contener determinados elementos que faciliten su búsqueda, visualización e impresión en caso de inspección (acceso completo a los datos).

    b) Aceptar los criterios del emisor, siempre que esté conforme con ellos.

    c) Disponer del software o sistema necesario para la validación de la firma electrónica, lo cual no siempre es sencillo de cumplir.

    d) Almacenar las facturas recibidas digitalmente (factura y firma) en el formato recibido y original.

2.2. Factores que influyen en su implantación

Los procesos de implantación de facturación electrónica requieren, como se ha visto en epígrafes anteriores, importantes aspectos a tratar. De hecho, es un error muy frecuente pensar que la implantación de una herramienta de facturación resuelve el problema de facturación electrónica, sin tener en cuenta otros **factores**:

- Determinar el ámbito de la implantación, pues no es lo mismo implantar un proyecto o una herramienta destinada a la emisión que a la recepción de facturas. Por ello, es necesario analizar si se va a iniciar la implantación desde el punto de vista de emisor, desde el punto de vista de receptor de facturas o desde una posición mixta.

- Es muy importante conocer las dimensiones del proyecto que se va a acometer, esto es, conocer los volúmenes de facturación y su distribución por y hacia las entidades potenciales.

- Puede afirmarse que el requisito básico del emisor es firmar electrónicamente la factura (requisito que puede ser cumplido por un servicio externo) y el del receptor es verificar la factura y conservarla en su formato original.

- Es conveniente comenzar por la implantación en aquellas empresas en las que se consiga más ahorro o sea más sencilla la adopción de la solución.

En materia de **costes**, es complicado determinar a priori el precio de la implantación de una solución de facturación electrónica. La complejidad, el enfoque, el tipo de la herramienta seleccionada y el grado de automatización del proceso serán aspectos que incidan directamente en el precio final.

 Siempre que se hayan realizados correctamente los pasos previos de definición del proyecto, alcance, requisitos del emisor y/o receptor, se puede confirmar que a mayor grado de complejidad de la plataforma y mayor automatización, se lograrán mayores ahorros por cada factura emitida o recibida.

La firma electrónica es imprescindible para poder **facturar digitalmente**, que además de ser obligatoria para la facturación a las Administraciones españolas, nos permite ahorrar dinero y tiempo, reducir el número de errores y proteger el medio ambiente.

Pero también puede ser usada para:

- Enviar información cuya integridad, autenticidad y origen puede ser verificada, a modo de sello de empresa.

- Enviar información cifrada, lo que permite confidencialidad entre emisor y receptor.

- Sellar electrónicamente logs y evidencias electrónicas, que permite asegurar que la información no ha sido alterada y generar evidencias.

- Demostrar la recepción de las nóminas.

- Dar seguridad en procesos internos de la empresa, como peticiones y concesiones de recursos humanos, autorización de acceso a datos personales, autoría de informes internos, etc., dado que los documentos pueden ser firmados tanto por la empresa como por los empleados con sus firmas electrónicas respectivas.

- Realizar trámites administrativos en Internet de forma segura, como el pago de impuestos, el pago de seguros sociales, la consulta y presentación de expedientes, la presentación de cuentas anuales y libros de contabilidad, etc. Normalmente estos trámites requieren que la firma esté apoyada con un certificado digital.

- Firmar contratos entre particulares o entre empresas.

- Participar en concursos públicos de manera telemática.

- Crear otras empresas en otros países de la Unión Europea.

- Asegurar la integridad, autenticidad y autoría de código informático para transmitir confianza y permitir la difusión por Internet con seguridad de que no se verá alterada.

- Comprobar que una web funciona en un servidor seguro (que permite verificar que una web es de quien dice ser, y que la transmisión de datos entre cliente y servidor es confidencial).

- Delegar la firma en transacciones u operaciones, indicando la relación de apoderamiento entre la persona física y la entidad descrita en el certificado (esto es una operación común, por ejemplo, para las empresas que tienen externalizado su servicio de gestoría).

- Incluir un sello de tiempo, es decir, acreditar el día y la hora en que un archivo informático fue recibido o enviado con valor jurídico.

- Digitalizar las facturas en papel recibidas en ejercicios anteriores a la adopción de la factura digital, para cumplir las obligaciones de conservación que exige la administración tributaria.

- Votar en procesos de democracia electrónica. Normalmente estos procesos requieren no solamente la identificación de la persona que vota, sino también un certificado complementario que demuestra que esa persona tiene derecho a votar. En las elecciones en España (municipales, autonómicas, europeas, o nacionales), la votación electrónica no es posible, pero sí lo es la solicitud de voto para personas que viven fuera de España de manera habitual mediante firma electrónica y el certificado digital de la FNMT.

- Recibir notificaciones electrónicas y demostrar que las hemos recibido.

Las autoridades de certificación o los prestadores de servicios de certificación emiten los certificados electrónicos.

La factura electrónica es un documento justificativo en materia fiscal, generado por medios electrónicos, informáticos y telemáticos, con la misma validez legal que una factura en papel.

Además de las obligaciones legales amparadas en el marco legal preciso, tanto el emisor como el receptor deben cumplir con una serie de requisitos mínimos para dar validez al proceso de facturación electrónica.

UNIDAD DIDÁCTICA 7

*Necesidad de sistemas de
seguridad en la empresa*

Contenido & Objetivos

Los **objetivos** de esta unidad son:

1. Establecer el análisis previo para implantar sistemas de seguridad.

2. Definir los objetivos de seguridad.

3. Analizar las pruebas de intrusión.

126

Introducción

Se puede definir la detección de intrusos como el proceso de monitorización de eventos que suceden en un sistema informático o en una red y el análisis de dichos eventos en busca de signos de intrusiones.

Los sistemas de detección y prevención de intrusiones están continuamente supervisando los componentes de la Red y las personas o intrusos que están intentando entrar en ella, describiendo las actividades o proceso que realizan individuos o sistemas no autorizados sobre elementos de la Red.

Una organización ha de considerar los distintos elementos existentes en su infraestructura de sistemas de información antes de adoptar la decisión de dónde ubicará estos sistemas de detección y prevención.

1. Análisis previo a los servicios, protocolos, zonas y equipos que utiliza la organización para sus procesos de negocio

Actualmente, los sistemas informáticos gestionan una ingente cantidad de datos. Nuestro mundo, tanto el empresarial como el personal, está cada vez más repleto de sistemas, compuestos por máquinas, por aplicaciones y por redes. Casi cada objeto que nos rodea es un sistema, compuesto por una o varias máquinas y controladas por uno o varios componentes software. Muchos de esos sistemas (ordenadores, dispositivos de red, teléfonos inteligentes, tabletas, etc.) forman parte de redes, privadas o de empresa, públicas, grandes o pequeñas, interconectadas unas con otras y comunicándose entre sí mediante otro gran sistema hardware (cableado o inalámbrico) gestionado, a su vez, por un conjunto de aplicaciones con diferentes objetivos, a los que se denomina protocolos de comunicaciones.

 **Protocolo de comunicaciones**: conjunto de reglas y normas que permiten la comunicación de dos o más componentes de un sistema para transmitir información.

La Red Internet es, con casi total seguridad, el sistema más complejo que se haya desarrollado jamás. Está compuesto por muchos millones de ordenadores de todo tipo interconectados mediante una red física de complejidad sin igual que, además, crece sin parar. Asimismo, cada equipo informático contiene gran cantidad de programas que interactúan entre sí (en el mismo sistema) o con otros programas alojados en otros ordenadores de la Red.

Este sistema, al que se denomina Internet, suele estar recibiendo y procesando información de muchos millones de personas a la vez. Esta información no proviene únicamente de seres humanos, sino que se genera incluso de forma automática. Internet, compuesta por las redes y por los sistemas, ha modificado desde hace unos años todas las formas habituales de comunicación, revolucionando los hábitos de vida y formas de trabajar y los procesos de negocio de todos los sectores de la sociedad. Por otra parte, todos los sistemas exhiben una serie de propiedades interesantes:

▶ **Los sistemas son complejos y capaces de interactuar**

Un mismo equipo puede albergar numerosos programas, cada uno con su cometido, pero también con la capacidad de interactuar con otros en el mismo equipo o en equipos diferentes.

▶ **Propiedades no buscadas**

Los sistemas realizan acciones no pensadas –ni siquiera diseñadas– por sus usuarios o por sus creadores. Un clásico ejemplo es el del relevante papel que han adoptado los teléfonos inteligentes dentro de las relaciones sociales, incluso en las afectivas o amorosas. Otro es el de cómo los sistemas de aire acondicionado han modificado algunos aspectos de la salud, incrementado los catarros, pero también en la forma en la ayudan a transmitir ciertas enfermedades, por ejemplo la legionelosis.

En el caso de los dispositivos que procesan información (ordenadores, teléfonos inteligentes, tabletas, etc.) estas propiedades no buscadas son los bugs. Son fallos del sistema, propiedades no deseadas. No significa que el sistema no funcione –que puede ocurrir– pero lo más habitual es que el bug provoque comportamientos no planificados. Está demostrado que cuanto más complejo sea un sistema, más bugs contendrá.

 Se define como *bug* un error, fallo en un equipo o sistema informático que provoca un resultado incorrecto o inesperado en su funcionamiento.

Algunos de estos bugs pueden derivar en problemas de seguridad informática, tanto en los sistemas como en los protocolos y pueden llegar a afectar a los servicios y a los procesos de negocio.

La unión de los bugs y de las vulnerabilidades de seguridad que van descubriéndose casi continuamente, tanto en aplicaciones como en el software de los sistemas operativos, provocan los conocidos agujeros de seguridad. Si estos son aprovechados por algún atacante antes de que los propietarios del software o de las empresas de desarrollo de productos de seguridad faciliten una solución, el objetivo atacado sufrirá un problema de seguridad.

La existencia de bugs y de vulnerabilidades hace prácticamente imposible que un sistema pueda ser considerado como seguro y menos si se trata de sistemas de acceso público como Internet o la red de un campus universitario.

Los sistemas seguros son difíciles de obtener; los sistemas complejos seguros son, además, difíciles de construir.

Los ataques a la seguridad de sistemas y redes se aprovechan de esta complejidad, bien para realizar ataques de obtención de información (de contraseñas de sistemas y aplicaciones o de datos), ataques de acceso no autorizado a los sistemas y a las aplicaciones, ataques de modificación de información o de borrado de información o ataques de denegación de servicio. Estos últimos tienen como consecuencia la inhabilitación de un servidor (web, de correo, pasarela de pago, etc.) y, en general, no poder utilizar un servicio o recurso concreto.

Es cada vez más habitual que los medios de comunicación, incluso los generalistas, informen sobre este tipo de ataques que han llegado, en ocasiones, a inhabilitar el acceso a Internet en algunas zonas del mundo.

Contra este tipo de problemas se han desarrollado tecnologías informáticas que, como los cortafuegos o la criptografía de comunicaciones, parecen inexpugnables. Desde luego, son necesarios pero, a su vez, están compuestos de sistemas, que pueden (y, ciertamente, suelen) exhibir los mismos problemas citados.

Una breve investigación de ejemplos recientes de problemas de seguridad en sistemas y redes verificará que están relacionados con esas propiedades de los sistemas que se han citado previamente.

2. Definición de los objetivos

Es obligatorio comprender que todos los componentes hardware y software de los sistemas de seguridad forman parte de otro sistema mayor. Más que un producto o un conjunto de ellos, más que una o varias tecnologías, la seguridad es un proceso, que hace intervenir todas las tecnologías, todos los productos, todas las herramientas y, especialmente, el sentido común de los seres humanos que la gestionan.

Un buen punto de partida para una organización podría ser contar con respuestas a las siguientes preguntas:

▶ **¿Qué es lo que desea proteger?**

Esta pregunta debería llevar asociada la realización de un inventario de activos de la organización, esto es, los sistemas, redes, aplicaciones, elementos de red, bases de datos y, cómo no, cualquier elemento físico o no que se desee asegurar.

Es evidente que no todos los activos cuentan con el mismo valor por lo que este será un criterio importante a la hora de definir una estrategia de seguridad.

▶ **¿Contra quién se quiere proteger?**

En respuesta a esta pregunta es habitual desarrollar un modelo de confianza para conocer en quién se puede confiar y en quién no para discriminar los posibles atacantes.

Para ello se debe realizar un análisis que debería concluir qué empleados tienen acceso a qué activos, el porqué, qué tipo de acceso se va a dar a cada persona de cada organización que colabore con la empresa, qué tipo de acceso van a disfrutar, esto es, acceso a sistemas, redes y datos.

Asimismo, habrá que decidir el tipo de acceso que disfrutarán los posibles clientes de la organización. La situación puede complicarse si, además, alguno de los clientes es colaborador de la organización.

No hay que olvidar que es necesario estudiar quién y por qué querría atacar a la organización. No es necesario recordar que los atacantes no pertenecen a una categoría diferente a la de los empleados, compañeros, colaboradores o clientes: muchos de los ataques proceden de la propia organización.

Aparte de los atacantes internos, existe toda una tipología de atacantes que hay que considerar para desarrollar correctamente nuestra línea de defensa. Los dos grandes bloques estarían constituidos por:

*   El atacante amateur

    Su perfil es el una persona joven o muy joven, con apenas experiencia en sistemas o redes pero que utiliza herramientas automatizadas que encuentra a lo largo de Internet para ver qué ocurre. Su inexperiencia hace que suela dejar huellas en los sistemas que ataca por lo que, habitualmente, suele ser identificado.

    Eso sí, el daño que ocasiona puede ser muy considerable. Un atacante, incluso trabajando en solitario, puede crear problemas tales como desconectar una red o un sistema, simplemente aprovechando sus vulnerabilidades. Si, además, crea un manual y lo publica en los foros de Internet conseguirá que muchos otros puedan utilizar su técnica de ataque. Así han nacido numerosas herramientas de denegación de servicio.

*   El atacante profesional

    Cada vez más numeroso y peligroso, este atacante presta sus servicios y experiencia para atacar objetivos concretos y seleccionados. El robo de información, de dinero, la alteración de información o el sabotaje son sus motivaciones.

Desarrollan una estrategia profesional. Obtienen toda la información necesaria de su objetivo y lanzan el ataque. Un aspecto que cuidan mucho es el de no dejar rastro de su actividad y no alterar elementos de los sistemas que permitan sospechar que ha existido una intrusión.

En muchos casos forman partes de organizaciones cibercriminales que han creado un modelo de negocio en la red. Se suele basar en la oferta de diferentes servicios de ataque a cambio de contraprestaciones económicas.

En esta categoría profesional también podrían incluirse a los servicios militares de los Estados. Los continuos ataques han dado lugar, incluso, al término de ciberguerra.

▶ **¿Cómo se desea proteger?**

A esta pregunta se debe dar respuesta enumerando las tecnologías, herramientas, sistemas y procesos que se utilizarán para realizar la protección.

Algunas de las defensas más relevantes serían:

- Esquemas de seguridad de sistemas operativos

  Muy relevantes en el caso de servidores que cuenten con información sensible y en el de dispositivos de gestión de la Red. Es necesario mantener un buen esquema de seguridad que alcance a ficheros, usuarios y aplicaciones. Estos esquemas son especialmente necesarios para todo tipo de dispositivos móviles.

- Sistemas seguros de autenticación

  Desde contraseñas fuertes, pasando por certificados digitales hasta sistemas biométricos, las posibilidades son amplias. Pueden utilizarse tanto para otorgar acceso local como remoto a casi todo tipo de dispositivos.

- Sistemas criptográficos

  Con el objetivo de mantener la integridad y la autenticidad de los mensajes y datos, estos sistemas se integran en protocolos y en algunos sistemas operativos y aplicaciones.

- Sistemas antivirus

  Se trata de aplicaciones locales o distribuidas que permiten la defensa contra virus informáticos.

- Sistemas cortafuegos

  Estos sistemas de control del tráfico que entra y sale de una red se han convertido en esenciales como elemento defensivo de una organización.

- Sistemas de análisis de vulnerabilidades

  Son aplicaciones que permiten buscar y localizar los bugs y vulnerabilidades conocidas en los sistemas.

- Sistemas de detección y prevención de intrusiones

  Permiten, muchos en tiempo real, la detección de determinados tipos de ataques, alertar sobre ellos y, en muchos casos, pararlos.

▶ **¿Cuántos recursos puedo dedicar a implantar y mantener la seguridad de mis procesos de negocio?**

Siempre existirá un componente económico y de empleo de recursos humanos en el desarrollo de una estrategia de defensa del negocio. Es preciso no olvidar que, para atender a las tecnologías mencionadas en el punto anterior, será necesario contar con:

1. Adquisición de herramientas hardware y software que implementen alguna o varias de las citadas defensas.

2. Tiempo para instalarlas, configurarlas y afinarlas, así como para educar en su uso a los usuarios.

3. Tiempo para administrarlas, mantenerlas y reconfigurarlas a medida que se pongan en marcha nuevos servicios, se produzcan auditorías, etc.

 Es obligatorio contar con todo el conocimiento disponible de qué se puede perder, de qué y de quién se quiere proteger, de cómo pueden ser los ataques, de cómo pueden ser las defensas y de qué recursos podemos disponer para ellas.

3. Aspectos a incluir en el análisis

Cuando una organización ha dado respuesta a las preguntas que le han ayudado a definir su escenario, suele llegar a la conclusión que, para lograr un modelo de negocio con éxito, debe adoptar también procesos y prácticas de seguridad para proteger su información y su infraestructura. La existencia de fraude, vandalismo, ataques de denegación de servicio o sabotajes no pasa desapercibida para las organizaciones por lo que, la mayoría, decidirá realizar un análisis previo y profundo que incluya varios aspectos:

- Análisis de los procesos de negocio e identificación de la información valiosa en cada uno de los procesos.

- Análisis de los protocolos de red utilizados para transferir datos entre los equipos de la organización y al exterior.

- Análisis de los protocolos y políticas de la organización para ser coherentes con su política de seguridad y su política de costes en el momento de implantar el sistema IDS/IPS apropiado.

- Análisis de las distintas zonas que forman parte de la organización y la ubicación de sus equipos y servidores para ver qué ubicación del IDS/IPS puede ser más conveniente según sus características.

- Análisis de los servicios que ofrece la organización para averiguar cuáles de ellos necesitan un nivel de seguridad especial debido a la tipología de información con la que trabajan.

No obstante los puntos anteriores, existe un componente clave que aún no está del todo presente en la filosofía de las organizaciones: no prueban ni su red ni sus sistemas de seguridad para garantizar que funcionan tal y como se espera.

4. Las pruebas de intrusión

Las pruebas de intrusión en redes ayudan a refinar la política de seguridad de una empresa, a identificar vulnerabilidades y a garantizar que la implantación de seguridad ofrece la protección que la empresa necesita y espera. Este proceso se realiza mediante herramientas y procesos para escanear los entornos de red en busca de vulnerabilidades.

La realización de pruebas de intrusión periódicas logra que las empresas descubran los puntos débiles de la seguridad de sus redes, lo que pueden provocar que los datos o los sistemas se vean afectados en mayor o menor medida por intentos de intrusión, ataques de denegación de servicio y otras intrusiones, como la presencia de virus o malware. Las pruebas también ponen en relieve las vulnerabilidades que pueden introducirse mediante parches y actualizaciones o por configuraciones equivocadas de servidores, enrutadores y cortafuegos.

El objetivo general de una prueba de intrusión es descubrir áreas de la red de la empresa donde los intrusos pueden sacar partido de las vulnerabilidades de seguridad. Es preciso realizar varios tipos de pruebas de intrusión para los distintos tipos de dispositivos de red. Por ejemplo, una prueba de intrusión de un cortafuegos es distinta de la de un servidor web.

Es muy importante equilibrar el tipo de prueba de intrusión frente al valor de los datos del equipo sobre el que se están realizando las pruebas y la necesidad de conectividad a un servicio específico.

El proceso de una prueba de intrusión suele constar de tres componentes básicos:

▶ **Definición del contexto**

La organización, antes de iniciar una prueba de intrusión, ha de definir su contexto. Este paso incluye la determinación de la extensión de la prueba, los dispositivos objeto de las pruebas, desde dónde se hará y quién lo hará.

- Pruebas a gran escala frente a pruebas específicas

  Una organización deberá decidir si va a realizar una prueba a gran escala sobre toda la Red, si se va centrar en dispositivos específicos (por ejemplo, sobre los servidores de producción) o si realizará ambas cosas.

  Por lo general, es mejor hacer las dos para determinar el nivel de exposición a la infraestructura pública, así como objetivos de seguridad o individuales. Por ejemplo, las políticas de cortafuegos a menudo se diseñan para dejar que ciertos servicios pasen a través de ellos. La seguridad de estos servicios se coloca en el dispositivo que realiza dichos servicios y no en el cortafuegos. Por lo tanto, es necesario probar la seguridad tanto de dichos dispositivos como del cortafuegos.

  Algunos de los dispositivos específicos que habría que tener en cuenta a la hora de realizar pruebas de intrusión son los cortafuegos, enrutadores, servidores web, servidores de correo, servidores FTP y servidores DNS.

- Dispositivos, sistemas y contraseñas

  Cuando se termina de definir el contexto del proyecto la organización también tiene que decidir acerca del ámbito de la prueba: ¿busca únicamente vulnerabilidades que puedan poner en peligro un dispositivo o también busca la susceptibilidad a ataques de denegación de servicio?

  La organización, además, ha de decidir si permitirá que el equipo de seguridad pueda utilizar mecanismos que comprueben el grado de cumplimiento de las políticas de fortaleza de las contraseñas de sus usuarios y si someterá a sus dispositivos a rutinas de averiguación de contraseñas en toda la Red.

- Pruebas remotas frente a pruebas locales

  Otro aspecto de decisión para la organización es el de decidir si las pruebas se realizarán desde una ubicación remota a través de Internet o en el mismo lugar a través de la red local. Esta decisión se dicta en gran medida por los objetivos seleccionados para las pruebas y por las implantaciones de seguridad de la organización.

Por ejemplo, una prueba remota de un equipo que se encuentre detrás de un cortafuegos no tendrá éxito si el cortafuegos evita el acceso al equipo de forma adecuada. Sin embargo, la prueba sobre el mismo cortafuegos para comprobar si protegerá los equipos de los usuarios de un escaneo remoto sí tendrá éxito.

- Pruebas internas frente a pruebas externas

  Una decisión importante que debe adoptar la organización es si va a utilizar recursos internos para realizar las pruebas o si va a recurrir a empresas externas especializadas.

  Como en tantas otras situaciones, los recursos con los que cuente la organización serán fundamentales.

  Otro punto a considerar es la confidencialidad de la información que gestione la organización y que puede dejar fuera la participación de empresas externas.

  En todo caso, es habitual que las organizaciones deleguen esta tarea a empresas expertas en seguridad informática, que aportarán al proceso de las pruebas experiencia específica y general. Los analistas de seguridad investigan de modo continuo nuevas vulnerabilidades, invierten en el hardware y software de seguridad más reciente y se forman en su utilización para, así, recomendar soluciones para la solución de problemas. En muchas ocasiones suelen proporcionar tanto personal adicional para el proceso de pruebas, así como escenarios de simulación con el equipamiento de sus instalaciones. Las organizaciones pueden aprovechar el conocimiento y los recursos de las empresas de seguridad expertas para que les ayuden a garantizar que las pruebas de intrusión han sido ejecutadas correctamente.

  Además, es muy conveniente garantizar un procedimiento de pruebas imparcial y completo, que no siempre es fácil de alcanzar si el proceso se realiza por recursos internos de la organización.

▶ **Realización de las pruebas de intrusión**

Es esencial una metodología correcta, que implicará la recopilación de información y la realización de pruebas en el entorno específico para el éxito de la prueba de intrusión.

El proceso de pruebas comienza con la recogida de tanta información como sea posible acerca de la arquitectura de red, la topología, el hardware y el software para encontrar todas las vulnerabilidades de seguridad.

135

Se pueden utilizar herramientas para recuperar información del entorno seleccionado (por ejemplo; ping, traceroute y nslookup) y ayudar a determinar la topología de red, el proveedor de Internet y la arquitectura. Herramientas como el escáner de red NMAP *(Network Mapping)*, SNMP *(Simple Network Management Protocol)* y NAT *(NetBios Auditing Tool,* herramienta de intervención NetBios) sirven para determinar el hardware, los sistemas operativos, los niveles de parches y los servicios que se ejecutan en cada dispositivo específico.

Network Mapping (**NMAP**) es un programa de código abierto que sirve para efectuar rastreo de puertos. Se usa para evaluar la seguridad de sistemas informáticos, así como para descubrir servicios o servidores en una red informática, para ello, NMAP envía unos paquetes definidos a otros equipos y analiza sus respuestas.

El protocolo simple de administración de red o **SNMP** (del inglés *Simple Network Management Protocol*), es un protocolo que facilita el intercambio de información de administración entre dispositivos de red. Permite a los administradores supervisar el funcionamiento de la red, buscar y resolver sus problemas, y planear su crecimiento.

NAT *(NetBios Auditing Tool)*, es una herramienta para auditar la Red.

El uso de estas herramientas, así como el de algunas comerciales, acelerará el proceso de escaneo.

Después de completar el escaneo de vulnerabilidades se examinan los elementos de salida en busca de falsas alarmas y falsos valores negativos.

Cualquier vulnerabilidad de la que se sospeche su veracidad se volverá a examinar o se le aplicarán de nuevo las pruebas utilizando otras herramientas o secuencias personalizadas.

Puesto que, prácticamente a diario, aparecen nuevos ataques y pueden pasar varias semanas o meses antes de que estas vulnerabilidades se incluyan en las bases de datos de vulnerabilidades de las herramientas de escaneo automatizadas, es necesaria la realización de pruebas adicionales y la ejecución de ataques de reciente aparición.

Una vez finalizada la fase de escaneo, los técnicos de seguridad pueden realizar pruebas para elementos adicionales definidos en el contexto de las pruebas de intrusión, incluidos los ataques de denegación de servicio y las vulnerabilidades de contraseñas.

Para realizar pruebas para dichos ataques en un entorno de producción sin temer los cortes de dispositivos, una empresa puede crear una imagen duplicada del dispositivo de producción y, a continuación, colocar la imagen en hardware similar para realizar las pruebas.

▶ **Informe y entrega de los resultados**

Los técnicos de seguridad, tras finalizar las pruebas de intrusión, analizarán toda la información derivada del procedimiento de pruebas. Se enumerarán las vulnerabilidades y se establecerá la prioridad entre las mismas, clasificando los riesgos como altos, medios o bajos.

Se recomendarán soluciones si se encuentran vulnerabilidades. También pueden proporcionar recursos, como enlaces de Internet o información técnica, para encontrar información adicional y obtener parches para solucionarlas.

El informe definitivo puede incluir las siguientes partes:

- Un resumen ejecutivo de los resultados de las pruebas de intrusión y la información revelada concerniente a los aspectos fuertes y débiles del sistema de seguridad existente. También se incluyen los puntos clave de los resultados de las pruebas.

- Un informe técnico más detallado de los resultados. Se indicarán las vulnerabilidades de cada dispositivo y se clasificará y establecerá la prioridad sobre los riesgos. Además, propondrá recomendaciones acerca de las soluciones, incluida la provisión de información técnica adicional sobre cómo solucionar cualquier vulnerabilidad.

- Información adicional. Elementos de salida del escáner de la Red que no fueron procesados, registros whois, capturas de pantalla, mapas, presentaciones, peticiones de comentarios (en inglés *Request For Comments*, RFC), libros blancos relevantes, etc.

Whois: protocolo de consulta y respuesta a bases de datos que almacenan información sobre la asignación de los recursos de Internet, desde los nombres de dominio hasta rangos de direccionamiento IP.

RFC: acrónimo de *Request For Comments*. Son publicaciones de carácter técnico que definen métodos, comportamientos, investigación o innovaciones en el campo de Internet y de los sistemas conectados a través de Internet.

Los sistemas de detección y prevención de intrusiones son una herramienta muy útil en el objetivo de evitar ataques a una infraestructura de red de una organización. Se trata de sistemas complejos y altamente especializados. En este entorno resulta imprescindible que las organizaciones, antes de desplegarlos, evalúen las características de su infraestructura, servicios, equipos, zonas y protocolos utilizados, en definitiva, de su modelo de negocio.

La seguridad es un proceso en que se invierte en tecnologías, productos, herramientas y cuenta también con el sentido común de quienes gestionan la organización.

TEST DE UNIDADES DIDÁCTICAS

Unidad 1

1. **¿Cuál es la norma que regula los certificados electrónicos?:**

   a) La Ley 6/2020, de servicios electrónicos de confianza.
   b) La Ley 40/2015, del Régimen Jurídico de Sector Público.
   c) La Ley 39/2015, del Procedimiento Administrativo Común.
   d) Ninguna es correcta.

2. **Señala la respuesta correcta respecto a la firma electrónica:**

   a) Es un conjunto de datos asociados a un mensaje que permite asegurar la identidad del firmante y la integridad del mensaje.
   b) El firmante generará una huella digital del mensaje.
   c) La huella digital la cifrará una clave privada.
   d) Todas son correctas.

3. **Los certificados electrónicos se obtienen de:**

   a) Las autoridades de certificación o prestadores de servicios como la ACCV y la Fábrica Nacional de Moneda y Timbre-Real Casa de la Moneda.
   b) Los estancos.
   c) Las oficinas de la Administración Pública.
   d) Las sedes electrónicas.

4. **Según se recoge en la Ley 39/2015, los interesados podrán identificar electrónica-mente ante las Administraciones Públicas a través de los siguientes sistemas:**

   a) Sistemas basados en certificados electrónicos cualificados de firma electrónica expedidos por prestadores incluidos en la "Lista de confianza de prestadores de servicios de certificación".
   b) Sistemas basados en certificados electrónicos reconocidos o cualificados de sellado de tiempo expedidos por prestadores incluidos en la "Lista de confianza de presta-dores de servicios de certificación".
   c) Sistemas de clave privada.
   d) Todas son correctas.

5. **¿Qué es el DNI electrónico?:**

   a) Es el documento que acredita física y digitalmente la identidad personal de su titular.
   b) Es el documento que permite la firma electrónica de documentos.
   c) Son correctas a) y b).
   d) Ninguna es correcta.

6. **¿Qué información contiene el chip de la tarjeta que incorpora el DNIe? (señala la incorrecta):**

   a) La filiación.
   b) La fotografía y firma digital.
   c) Un resumen criptográfico de la impresión dactilar.
   d) Todas son correctas y están incorporadas a la información del DNIe.

7. **¿Qué información no contiene el chip de la tarjeta que incorpora el DNIe?:**

   a) No contiene ningún dato histórico del titular.
   b) Datos de carácter sanitarios.
   c) Datos de carácter fiscal, penal, laboral.
   d) Todas son correctas.

8. **¿Quién emite los certificados del DNI electrónico?:**

   a) El Ministerio de Justicia.
   b) La Dirección General de la Policía es el único organismo autorizado a emitir los certificados digitales para el DNI electrónico.
   c) La Comisión Europea.
   d) El Ministerio competente en Presidencia.

9. **¿Quién expide el DNI electrónico?:**

   a) El Ministerio de Justicia.
   b) La Comisión Europea.
   c) El Ministerio competente en Presidencia.
   d) La Dirección General de la Policía es el único organismo responsable de la expedición del DNI electrónico.

10. **¿Qué norma regula el Documento Nacional de Identidad?:**

   a) El Real Decreto 255/2025, de 1 de abril.
   b) El Real Decreto 254/2025, de 1 de abril.
   c) El Real Decreto 253/2025, de 1 de abril.
   d) El Real Decreto 252/2025, de 1 de abril.

Unidad 2

1. **¿De qué forma se puede relacionar el ciudadano con la Administración Pública?:**

   a) Oficinas de atención presencial.
   b) Puntos de acceso electrónico.
   c) Servicios de atención telefónica.
   d) Todas son correctas.

2. **¿Cuál de los siguientes se encuentra entre los canales de asistencia para el acceso de la ciudadanía a los servicios electrónicos?:**

   a) El correo electrónico.
   b) Las redes sociales.
   c) Los portales de internet y sedes electrónicas.
   d) Todas son correctas.

3. **¿Cuál no es una definición correcta acerca de una wiki?:**

   a) Es un sitio web cuyas páginas web pueden ser editadas por un único voluntario a través del navegador web.
   b) Es un sitio web cuyas páginas web pueden ser editadas por múltiples voluntarios a través de un procesador.
   c) Es un sitio web cuyas páginas web deben ser editadas por múltiples voluntarios a través del navegador web.
   d) Ninguna es correcta.

4. **¿Qué es un blog?:**

   a) Es un sitio web no periódicamente actualizado que recopila cronológicamente textos o artículos de uno o varios autores, apareciendo primero el más reciente, donde el autor conserva siempre la libertad de dejar publicado lo que crea pertinente.
   b) Es un sitio web periódicamente actualizado que recopila cronológicamente textos o artículos de uno o varios autores, apareciendo primero el más reciente, donde el autor conserva siempre la libertad de dejar publicado lo que crea pertinente.
   c) Es un sitio web periódicamente actualizado que recopila cronológicamente textos o artículos de uno o varios autores, apareciendo primero el más antiguo, donde el autor conserva siempre la libertad de dejar publicado lo que crea pertinente.
   d) Ninguna es correcta.

5.   ¿Cuál es la Web que se conoce como cerebral?:

    a) La Web 2.0.
    b) La Web 3.0.
    c) La Web 4.0.
    d) La Web 5.0.

6.   ¿Cuál no es una definición correcta sobre navegador o navegador web?:

    a) Es un programa que permite visualizar la información que contiene una página web (solo en un servidor local).
    b) Es un programa que no permite visualizar la información que contiene una página web (ya se encuentre alojada en un servidor dentro de la World Wide Web o en un servidor local).
    c) Es parecido a un programa que permite visualizar la información que contiene una página web (ya se encuentre alojada en un servidor dentro de la World Wide Web o en un servidor local).
    d) Ninguna es correcta.

7.   Con el fin de evitar la existente brecha digital, lleva años realizando acciones formativas en esta línea denominada eje de capacitación a través del:

    a) Plan Avanza.
    b) Plan Internet.
    c) Plan Avanzit.
    d) Plan Concilia.

8.   Identifica la respuesta correcta en relación con la Ley 39/2015, del Procedimiento Administrativo Común de las Administraciones Públicas:

    a) La asistencia de las Administraciones Públicas hacia todos los interesados del procedimiento es obligatoria.
    b) Si alguno de los interesados no dispone de los medios electrónicos necesarios tendrá que realizar las gestiones de forma presencial.
    c) Todos los funcionarios que presenten servicios en las oficinas de asistencia en materia de registro deberán estar inscritos en un registro especial.
    d) Todas son correctas.

9. **La Ley 39/2015 reconoce el derecho a conocer, en cualquier momento, el estado de tramitación de sus procedimientos y a obtener copias de documentos contenidos en ellos a:**

   a) Los interesados.
   b) Los ciudadanos.
   c) Son correctas a) y b).
   d) Ninguna es correcta.

10. **La Administración está obligada a dictar resolución expresa en:**

    a) Los procedimientos iniciados de oficio solamente y a notificarla cualquiera que sea la forma de iniciación.
    b) Los procedimientos iniciados a instancia de parte solamente y a notificarla cualquiera que sea la forma de iniciación.
    c) Todos los procedimientos y a notificarla cualquiera que sea la forma de iniciación.
    d) Ninguna es correcta.

Unidad 3

1. **Es la propiedad que garantiza que la información no ha sido alterada y que se ha mantenido intacto el documento original que contenía dicha información, recibe el nombre de:**

    a) Confidencialidad de la información.
    b) Integridad de la información.
    c) Restricción de la información.
    d) Disponibilidad de la información.

2. **La vigente Ley de servicios de la sociedad de la información y del comercio electrónico es la:**

    a) Ley 34/2002.
    b) Ley 7/1996.
    c) Ley 7/1998.
    d) Ley 39/2015.

3. **Quien preste servicios de comercio electrónico estará obligado a suministrar en su página web:**

    a) Su nombre o denominación social.
    b) Los datos de su inscripción en el Registro Mercantil.
    c) El número de identificación fiscal que le corresponda.
    d) Todas son correctas.

4. **La responsabilidad por la comisión de actos ilegales a través de Internet recae sobre:**

    a) La persona autora de los mismos.
    b) Ante la dificultad de identificar al responsable directo, la responsabilidad se puede dirigir a quien facilita el espacio en su servidor o posibilita la transmisión de los datos ilegales.
    c) Son correctas a) y b).
    d) Ninguna es correcta.

5. **¿Cuál de las siguientes afirmaciones es falsa en relación a la prohibición de comunicaciones comerciales realizadas a través de correo electrónico o medios de comunicación electrónica equivalente?:**

    a) Se permite el envío de comunicaciones publicitarias o promocionales por correo electrónico u otro medio de comunicación electrónica equivalente que previamente no hubieran sido solicitadas o expresamente autorizadas por los destinatarios de las mismas.

    b) Se permite el envío de comunicaciones publicitarias o promocionales por correo electrónico u otro medio de comunicación electrónica equivalente que previamente no hubieran sido solicitadas o expresamente autorizadas por los destinatarios de las mismas si existe un contrato previo.

    c) En todo caso, el prestador deberá ofrecer al destinatario la posibilidad de oponerse al tratamiento de sus datos con fines promocionales mediante un procedimiento sencillo y gratuito, tanto en el momento de recogida de los datos como en cada una de las comunicaciones comerciales que le dirija.

    d) Cuando las comunicaciones hubieran sido remitidas por correo electrónico, dicho medio deberá consistir necesariamente en la inclusión de una dirección de correo electrónico u otra dirección electrónica válida donde pueda ejercitarse este derecho, quedando prohibido el envío de comunicaciones que no incluyan dicha dirección.

6. **¿Cuál de las siguientes afirmaciones es correcta en relación a los derechos de los destinatarios de servicios de comercio electrónico?:**

    a) El destinatario no podrá revocar en cualquier momento el consentimiento prestado a la recepción de comunicaciones comerciales. Sólo lo pordrá hacer cuando finalice el contrato.

    b) Los prestadores de servicios deberán habilitar procedimientos sencillos y pero no necesariamente gratuitos para que los destinatarios de servicios puedan revocar el consentimiento que hubieran prestado.

    c) Cuando las comunicaciones hubieran sido remitidas por correo electrónico dicho medio deberá consistir necesariamente en la inclusión de una dirección de correo electrónico u otra dirección electrónica válida donde pueda ejercitarse este derecho quedando prohibido el envío de comunicaciones que no incluyan dicha dirección.

    d) Ninguna es correcta.

7. **La tecnología que proporciona un mecanismo de comunicación segura de datos para la información transmitida entre dos puntos recibe el nombre de:**

    a) Bugtraq.
    b) VPN.
    c) PayPal.
    d) ICMP.

147

8. El método de detección basado en marcas o características distintivas presentes en los ataques que explotan vulnerabilidades, recibe el nombre de:

 a) Heurística.
 b) Firmas.
 c) Exploit.
 d) Bugtraq.

9. El código malicioso que entra en un sistema como un programa inofensivo en apariencia pero que, al ser ejecutado, puede habilitar el acceso remoto al sistema a usuarios no autorizados, recibe el nombre de:

 a) Troyanos.
 b) Gusanos.
 c) Sniffers.
 d) Ninguna es correcta.

10. ¿Cuál de las siguientes afirmaciones es correcta en relación a los contratos electrónicos?:

 a) Cualquier tipo de contrato puede celebrarse por vía electrónica salvo los relativos al Derecho de familia y sucesiones (por ejemplo, un testamento o unas capitulaciones matrimoniales).
 b) Si los contratos deben ir seguidos del cumplimiento de ciertos requisitos formales (como su elevación a escritura pública o su inscripción en algún Registro) dichos requisitos no seguirán siendo exigibles para que el contrato celebrado electrónicamente debido a la interoperabilidad.
 c) La empresa que ofrezca al ciudadano un contrato electrónico deberá poner a disposición del usuario a través de su página web durante 3 meses y de forma gratuita, comprensible e inequívoca sobre las condiciones generales de contratación que, en su caso, rijan el contrato.
 d) Todas son correctas.

Unidad 4

1. Gracias a la firma electrónica podremos conocer:

   a) Quién es el emisor del mensaje.
   b) El contenido del mensaje.
   c) Las características del mensaje.
   d) Todas son correctas.

2. Son principios que satisfacen las funciones de seguridad que cumple la firma electrónica:

   a) Auditabilidad
   b) Confidencialidad
   c) Acuse de recibo.
   d) Todas son correctas.

3. El no repudio supone una garantía de:

   a) Que se podrá identificar al usuario que ha enviado el mensaje.
   b) Que el mensaje no ha sido manipulado.
   c) Que se detectarán mensajes faltantes en una secuencia.
   d) Que nadie, excepto el mismo usuario, podrá haber firmado el documento.

4. Los ámbitos de aplicación más extendidos de la firma electrónica son, entre otras (indica la respuesta incorrecta):

   a) Las transacciones B2D.
   b) Las suscripciones online.
   c) El pago de impuestos.
   d) Las aplicaciones financieras.

5. Para la emisión de un certificado es precisa la identificación del usuario:

   a) Frente a la autoridad de Registro.
   b) Frente a una entidad colaboradora en el Registro.
   c) Frente a todos.
   d) Son correctas a) y b).

6. **La solicitud de la certificación se realiza:**

   a) Online
   b) Presencialmente en todo caso.
   c) Online o presencialmente.
   d) Con formularios en papel o virtuales.

7. **Un sistema de firma electrónica permite cumplir las funciones de seguridad (señale la opción incorrecta):**

   a) Integridad e identificación.
   b) Prueba de conformidad con lo firmado.
   c) Ratificación de los datos y la firma.
   d) Momento de la firma.

8. **Una vez que tengamos el certificado, dispondremos de un código que será necesario:**

   a) Hacer llegar a nuestros contactos.
   b) Instalar un drive para poder usarlo.
   c) Descargar en nuestro ordenador para poder usarlo.
   d) Ninguna es correcta.

9. **¿Para qué sirve un certificado digital de persona física?:**

   a) Para las actuaciones comunicadas.
   b) Para la consulta y trámites con los colegios electorales.
   c) Para la consulta, inscripción y baja en el padrón municipal.
   d) Para la presentación, modificaicón y liquidación de impuestos.

10. **No es una garantía que ofrece la firma electrónica incorporada al DNIe:**

    a) Autenticación
    b) Integridad.
    c) No repudio.
    d) Ejecución electrónica.

Unidad 5

1. **¿Cuál es una de las principales preocupaciones de las personas que realizan operaciones comerciales a través de la Red?:**

   a) Las estafas.
   b) La vulnerabilidad de los datos utilizados en medios informáticos.
   c) El alto precio de los productos.
   d) La seguridad frente a ciberataques.

2. **Es un requisito que ha de cumplirse en las transacciones en Internet:**

   a) Identificación
   b) Renuncia o desistimiento.
   c) Disponibilidad del documento contractual.
   d) Todas son correctas.

3. **A la hora de hacer uso de las posibilidades de comercio electrónico no es un aspecto a tener en cuenta:**

   a) Comprobar que la página web donde compras es segura y contiene la identidad y la dirección de la empresa vendedora.
   b) Identificar las características del producto o servicio, el precio y el coste del transporte, la forma de pago y la modalidad de entrega.
   c) En caso de incidencias, guarda siempre el contacto, dirección y teléfono del comercio por si necesitas realizar alguna reclamación.
   d) Si te han concedido un crédito para financiar el precio del contrato, el ejercicio del derecho de desistimiento implica la resolución del crédito sin penalización.

4. **Señale la afirmación correcta en relación al comercio electrónico:**

   a) La entrega del producto o servicio debe realizarse como norma general dentro de los 45 días siguientes a la realización de la compra y se dispone de un periodo mínimo de 10 días para devolver la compra.
   b) La entrega del producto o servicio debe realizarse como norma general dentro de los 30 días siguientes a la realización de la compra y se dispone de un periodo mínimo de 14 días para devolver la compra, salvo excepciones.
   c) La entrega del producto o servicio debe realizarse como norma general dentro de los 20 días siguientes a la realización de la compra y se dispone de un periodo mínimo de 15 días para devolver la compra, salvo excepciones.
   d) Ninguna es correcta.

151

5. Son formas de afrontar los riesgos:

   a) Evitar la situación.
   b) Mitigar el peligro o aliviar el riesgo o ambos.
   c) Derivar los riesgos.
   d) Todas son correctas.

6. Son propiedades básicas referentes a la información:

   a) Confidencialidad en la información.
   b) Integridad en la información.
   c) Disponibilidad de la información.
   d) Todas son correctas.

7. ¿Cuál es la norma ISO que establece que un incidente de seguridad es un evento no deseado o no esperado que puede amenazar la seguridad de la información comprometiendo significativamente las operaciones de negocio?:

   a) La norma ISO 28001:2005.
   b) La norma ISO 27001:2006.
   c) La norma ISO 27001:2005.
   d) La norma ISO 28001:2006.

8. Si aludimos a accesos no autorizados, nos referimos a (indica la respuesta incorrecta):

   a) Robo de información.
   b) Borrado de información.
   c) Alteración de la información.
   d) Virus informáticos.

9. Los eventos que producen la pérdida de un servicio concreto o de varios se denomina:

   a) Malware
   b) Acceso no autorizado.
   c) Anomalía.
   d) Denegación del servicio.

10. ¿Qué permite una gestión adecuada de incidentes de seguridad?:

   a) Establecer una vía de comunicación rápida de los hechos que permita reaccionar a tiempo.
   b) Llevar a cabo la contabilidad y la gestión de los incidentes de seguridad.
   c) Aislar los incidentes por grupos, evitando así la propagación de elementos que produzcan una situación de riesgo.
   d) Adoptar decisiones a corto plazo si el impacto del incidente provoca un compromiso de la información o de la infraestructura que pudiera originar consecuencias graves.

Unidad 6

1. **Son usos derivados de facturar digitalmente (señale la opción incorrecta):**

   a) Enviar información cuya integridad, autenticidad y origen puede ser verificada, a modo de sello administrativo.
   b) Demostrar la recepción de las nóminas.
   c) Incluir un sello de tiempo.
   d) Recibir notificaciones electrónicas y demostrar que las hemos recibido.

2. **Siempre que se hayan realizados correctamente los pasos previos de definición del proyecto, alcance, requisitos del emisor y/o receptor, se puede confirmar que:**

   a) A mayor grado de complejidad de la plataforma y menor automatización, se lograrán menores ahorros por cada factura emitida o recibida.
   b) A mayor grado de complejidad de la plataforma y mayor automatización, se lograrán mayores ahorros por cada factura emitida o recibida.
   c) A mayor grado de complejidad de la plataforma y mayor automatización, se lograrán menores ahorros por cada factura emitida o recibida.
   d) A menor grado de complejidad de la plataforma y menor automatización, se lograrán menores ahorros por cada factura emitida o recibida.

3. **¿Dónde se debe comenzar a implantar la facturación electrónica?:**

   a) En las empresas con clientes más identificados con este tipo de acciones.
   b) En cualquier empresa.
   c) En las empresas en las que se consiga más ahorro o sea más sencilla la adopción de la solución.
   d) En las empresas que cuenten con mayor nivel tecnológico.

4. **El proyecto que consiste en establecer una Entidad Pública de Certificación que permita autentificar y garantizar la confidencialidad de las comunicaciones entre ciudadanos, empresas u otras instituciones y Administraciones Públicas a través de las redes abiertas de comunicación se denomina:**

   a) FNMT
   b) ACCV
   c) CERES.
   d) RCM.

5. **¿Qué es CERES?:**

   a) Es la Agencia de Tecnología y Certificación Electrónica.
   b) Es el proyecto del Ministerio competente en Transformación Digital para conseguir las certificaciones electrónicas.
   c) Es un organismo dependiente de la Real Casa de la Moneda.
   d) Es el proyecto de certificación española.

6. **¿Quién presta los servicios de validación de certificados electrónicos al resto de Administraciones Públicas?:**

   a) La FNMT.
   b) El CERES.
   c) El Ministerio competente en Transformación Digital.
   d) La Agencia de Tecnología y Certificación Electrónica.

7. **En el proceso de implantación de la factura electrónica es un error no tener en cuenta alguno de los siguientes factores (señale la opción incorrecta):**

   a) La firma electrónica por el emisor y verificación de la factura por el receptor.
   b) El ámbito de implantación.
   c) Las dimensiones del proyecto.
   d) Las actuaciones de las empresas implicadas.

8. **La factura electrónica es:**

   a) Un documento administrativo.
   b) Un documento justificativo en materia administrativa.
   c) Un documento justificativo en materia fiscal.
   d) Un documento jurídico.

9. **En la recepción de facturas electrónicas, es un requisito:**

   a) Consentimiento.
   b) Autenticidad
   c) Almacenar las copias.
   d) Almacenar las facturas recibidas digitalmente en el formato recibido y original.

10. **Son requisitos de la emisión de las facturas electrónicas:**

    a) La autenticidad del origen.
    b) La integridad de las facturas.
    c) Tener consentimiento previo del receptor.
    d) Todas son correctas.

Unidad 7

1. Por protocolo de comunicaciones entendemos:

a) Conjunto de reglas y normas que permiten la comunicación de dos o más componentes de un sistema para transmitir información.

b) El sistema más complejo que se haya desarrollado jamás. Está compuesto por muchos millones de ordenadores de todo tipo interconectados mediante una red física de complejidad sin igual que, además, crece sin parar.

c) Conjunto de reglas y límites que permiten la comunicación de tres o más componentes de un sistema para transmitir información.

d) Ninguna es correcta.

2. Un cortafuegos es:

a) Sistemas de control del tráfico que entra y sale de una red se han convertido en esenciales como elemento defensivo de una organización.

b) Se trata de aplicaciones locales o distribuidas que permiten la defensa contra virus informáticos.

c) Son aplicaciones que permiten buscar y localizar los bugs y vulnerabilidades conocidas en los sistemas.

d) Permiten, muchos en tiempo real, la detección de determinados tipos de ataques, alertar sobre ellos y, en muchos casos, pararlos.

3. ¿Cuántos recursos puedo dedicar a implantar y mantener la seguridad de mis procesos de negocio?:

a) Adquisición de herramientas hardware y software que implementen alguna o varias de las citadas defensas.

b) Tiempo para instalarlas, configurarlas y afinarlas, así como para educar en su uso a los usuarios.

c) Tiempo para administrarlas, mantenerlas y reconfigurarlas a medida que se pongan en marcha nuevos servicios, se produzcan auditorías, etc.

d) Todas son correctas.

4. Señale cuál de los siguientes es una herramienta de escáner de red:

a) ENMAP.

b) SNPM.

c) NAT.

d) SPD.

155

5. **En la definición del contexto a la hora de realizar pruebas de intrusión es correcto realizar:**

   a) Pruebas específicas frente a pruebas a gran escala.
   b) Pruebas locales frente a pruebas remotas.
   c) Pruebas internas frente a pruebas externas.
   d) Depende de las circunstancias, los recursos, los objetivos de las pruebas.

6. **Los sistemas de control de tráfico que entran y salen de una red se denominan:**

   a) Antivirus.
   b) Criptográficos.
   c) Cortafuegos
   d) Antivulnerabilidades.

7. **Señale cuál de los siguientes forma parte del proceso de prueba de intrusión:**

   a) Realización de pruebas.
   b) Informe y entrega de resultados.
   c) Definición del contexto.
   d) Todas son correctas.

8. **No es un componente del proceso de una prueba de intrusión:**

   a) Definición del contexto.
   b) Realización de la prueba de intrusión.
   c) Comparación de resultados.
   d) Informe y entrega de los resultados.

9. **Los dispositivos específicos que habría que tener en cuenta a la hora de realizar pruebas de intrusión son:**

   a) Los cortafuegos.
   b) Los enrutadores.
   c) Los servidores FTP.
   d) Todas son correctas.

10. **La información adicional que se puede incluir en el informe definitivo de una prueba de intrusión puede recoger:**

   a) Registros whois.
   b) Capturas de pantalla.
   c) Mapas.
   d) Todas son correctas.

TEST DE UNIDADES DIDÁCTICAS

SOLUCIONES

Unidad 1

1. a) *La Ley 6/2020 de servicios electrónicos de confianza.*

2. d) *Todas son correctas.*

3. a) *Las autoridades de certificación o prestadores de servicios como la ACCV y la Fábrica Nacional de Moneda y Timbre-Real Casa de la Moneda.*

4. a) *Sistemas basados en certificados electrónicos cualificados de firma electrónica expedidos por prestadores incluidos en la "Lista de confianza de prestadores de servicios de certificación".*

5. c) *Son correctas a) y b).*

6. d) *Todas son correctas y están incorporadas a la información del DNIe.*

7. d) *Todas son correctas.*

8. b) *La Dirección General de la Policía es el único organismo autorizado a emitir los certificados digitales para el DNI electrónico.*

9. d) *La Dirección General de la Policía es el único organismo responsable de la expedición del DNI electrónico.*

10. a) *El Real Decreto 255/2025, de 1 de abril.*

Unidad 2

1. d) *Todas son correctas.*

2. d) *Todas son correctas.*

3. d) *Ninguna es correcta.*

4. b) *Es un sitio web periódicamente actualizado que recopila cronológicamente textos o artículos de uno o varios autores, apareciendo primero el más reciente, donde el autor conserva siempre la libertad de dejar publicado lo que crea pertinente.*

5. c) *La Web 4.0.*

6. d) *Ninguna es correcta.*

7. a) *Plan Avanza.*

8. c) *Todos los funcionarios que presenten servicios en las oficinas de asistencia en materia de registro deberán estar inscritos en un registro especial.*

9. a) *Los interesados.*

10. c) *Todos los procedimientos y a notificarla cualquiera que sea la forma de iniciación.*

Unidad 3

1. *b)* *Integridad de la información.*

2. *a)* *Ley 34/2002.*

3. *d)* *Todas son correctas.*

4. *c)* *Son correctas a) y b).*

5. *a)* *Se permite el envío de comunicaciones publicitarias o promocionales por correo electrónico u otro medio de comunicación electrónica equivalente que previamente no hubieran sido solicitadas o expresamente autorizadas por los destinatarios de las mismas.*

6. *c)* *Cuando las comunicaciones hubieran sido remitidas por correo electrónico dicho medio deberá consistir necesariamente en la inclusión de una dirección de correo electrónico u otra dirección electrónica válida donde pueda ejercitarse este derecho quedando prohibido el envío de comunicaciones que no incluyan dicha dirección.*

7. *b)* *VPN.*

8. *b)* *Firmas.*

9. *a)* *Troyanos.*

10. *a)* *Cualquier tipo de contrato puede celebrarse por vía electrónica salvo los relativos al Derecho de familia y sucesiones (por ejemplo, un testamento o unas capitulaciones matrimoniales).*

Unidad 4

1. *d)* *Todas son correctas.*

2. *d)* *Todas son correctas.*

3. *d)* *Que nadie, excepto el mismo usuario, podrá haber firmado el documento.*

4. *a)* *Las transacciones B2D.*

5. *d)* *Son correctas a) y b).*

6. *a)* *Online.*

7. *c)* *Ratificación de los datos y la firma.*

8. *c)* *Descargar en nuestro ordenador para poder usarlo.*

9. *a)* *Para las actuaciones comunicadas.*

10. *d)* *Ejecución electrónica.*

Unidad 5

1. b) *La vulnerabilidad de los datos utilizados en medios informáticos.*

2. d) *Todas son correctas.*

3. c) *En caso de incidencias, guarda siempre el contacto, dirección y teléfono del comercio por si necesitas realizar alguna reclamación.*

4. b) *La entrega del producto o servicio debe realizarse como norma general dentro de los 30 días siguientes a la realización de la compra y se dispone de un periodo mínimo de 14 días para devolver la compra, salvo excepciones.*

5. d) *Todas son correctas.*

6. d) *Todas son correctas.*

7. c) *La norma ISO 27001:2005.*

8. d) *Virus informáticos.*

9. d) *Denegación del servicio.*

10. a) *Establecer una vía de comunicación rápida de los hechos que permita reaccionar a tiempo.*

Unidad 6

1. a) *Enviar información cuya integridad, autenticidad y origen puede ser verificada, a modo de sello administrativo.*

2. b) *A mayor grado de complejidad de la plataforma y mayor automatización, se lograrán mayores ahorros por cada factura emitida o recibida.*

3. c) *En las empresas en las que se consiga más ahorro o sea más sencilla la adopción de la solución.*

4. c) *CERES.*

5. d) *Es el proyecto de certificación española.*

6. a) *La FNMT.*

7. d) *Las actuaciones de las empresas implicadas.*

8. c) *Un documento justificativo en materia fiscal.*

9. d) *Almacenar las facturas recibidas digitalmente en el formato recibido y original.*

10. d) *Todas son correctas.*

Unidad 7

1. a) *Conjunto de reglas y normas que permiten la comunicación de dos o más componentes de un sistema para transmitir información.*

2. a) *Sistemas de control del tráfico que entra y sale de una red se han convertido en esenciales como elemento defensivo de una organización.*

3. d) *Todas son correctas.*

4. c) *NAT.*

5. d) *Depende de las circunstancias, los recursos, los objetivos de las pruebas.*

6. c) *Cortafuegos.*

7. d) *Todas son correctas.*

8. c) *Comparación de resultados.*

9. d) *Todas son correctas.*

10. d) *Todas son correctas.*

GLOSARIO

Actuación administrativa automatizada

Actuación administrativa producida por un sistema de información adecuadamente programado sin necesidad de intervención de una persona física en cada caso singular. Incluye la producción de actos de trámite o resolutorios de procedimientos, así como de meros actos de comunicación.

Administración electrónica

Significa que el ciudadano va a poder elegir la forma con la que se va a relacionar con la Administración, bien de forma presencial o por medios electrónicos.

Archivo electrónico de documentos

Es el lugar donde se van a almacenar por medios electrónicos todos los documentos utilizados en las actuaciones administrativas.

Áreas personales

Espacio dentro de una web de gestión de información personal del usuario, existen variables como en la administración electrónica que son las carpetas personales o del ciudadano donde se concentran todos los expedientes relacionados con esa administración por parte del ciudadano.

Autenticación

Acreditación por medios electrónicos de la identidad de una persona o ente, del contenido de la voluntad expresada en sus operaciones, transacciones y documentos, y de la integridad y autoría de estos últimos.

Canales

Estructuras o medios de difusión de los contenidos y servicios; incluyendo el canal presencial, el telefónico y el electrónico, así como otros que existen en la actualidad: dispositivos móviles, TDT, etc.

Certificados de componente

Son certificados electrónicos para la identificación de servidores o aplicaciones informáticas.

Certificado de persona física

El certificado digital de persona física es la certificación electrónica que vincula a su suscriptor con unos datos de verificación de firma y confirma su identidad.

Certificados de identidad pública

Estos certificados vinculan una serie de datos personales del ciudadano a unas determinadas claves, para garantizar la autenticidad, integridad y no repudio. Esta información está firmada electrónicamente por la autoridad de certificación creada al efecto.

Certificado electrónico

Es un documento firmado electrónicamente por un prestador de servicios de certificación que vincula unos datos de verificación de firma a un firmante y confirma su identidad.

Chip

Es una pastilla pequeña de material semiconductor, de algunos milímetros, sobre la que se fabrican circuitos electrónicos, generalmente mediante fotografías, y que está protegida dentro de un encapsulado de plástico o cerámica.

Ciudadano

Cualesquiera personas físicas, personas jurídicas y entes sin personalidad que se relacionen o sean susceptibles de relacionarse con las Administraciones Públicas.

Clave Personal de Acceso (PIN)

Es la secuencia de caracteres que permite el acceso a los certificados.

Clave pública y clave privada

La criptografía asimétrica en la que se basa la PKI emplea un par de claves, de manera que lo que se cifra con una de ellas solo se puede descifrar con la otra y viceversa. A una de esas claves se la denomina pública y se la incluye en el certificado electrónico, mientras que a la otra se la denomina privada y únicamente es conocida por el titular del certificado.

Copias electrónicas

Las copias realizadas por medios electrónicos de documentos electrónicos emitidos por el propio interesado o por las Administraciones Públicas, manteniéndose o no el formato original, tendrán inmediatamente la consideración de copias auténticas.

Datos de creación de firma (clave privada)

Son datos únicos, como códigos o claves criptográficas privadas, que el suscriptor utiliza para crear la firma electrónica.

Datos de verificación de firma (clave pública)

Son los datos, como códigos o claves criptográficas públicas, que se utilizan para verificar la firma electrónica.

Dirección electrónica

Identificador de un equipo o sistema electrónico desde el que se provee de información o servicios en una red de comunicaciones.

Documento electrónico

Es el conjunto de registros lógicos almacenado en soporte susceptible de ser leído por equipos electrónicos de procesamiento de datos, que contiene información.

Documento Nacional de Identidad electrónico

Es el Documento Nacional de Identidad (DNI) que acredita electrónicamente la identidad personal de su titular y permite la firma electrónica de documentos.

EDI

Denominado así por sus siglas en inglés, *Electronic Data Interchange*, es un intercambio electrónico de datos. El sistema EDI permite el intercambio (envío y recepción) de documentos comerciales por vía telegráfica.

Expediente electrónico

El expediente electrónico es el conjunto de documentos electrónicos correspondientes a un procedimiento administrativo, cualquiera que sea el tipo de información que contengan.

Firma electrónica

Es el conjunto de datos en forma electrónica, consignados junto a otros o asociados con ellos, que pueden ser utilizados como medio de identificación del firmante.

Firma electrónica avanzada

Es la firma electrónica que permite identificar al firmante y detectar cualquier cambio ulterior de los datos firmados, que está vinculada al firmante de manera única y a los datos a que se refiere y que ha sido creada por medios que el firmante puede mantener bajo su exclusivo control.

Firma electrónica reconocida

La firma electrónica avanzada basada en un certificado reconocido y generada mediante un dispositivo seguro de creación de firma.

Función *hash*

Es una operación que se realiza sobre un conjunto de datos de cualquier tamaño, de forma que el resultado obtenido es otro conjunto de datos de tamaño fijo, independientemente del tamaño original, y que tiene la propiedad de estar asociado unívocamente a los datos iniciales, es decir, es imposible encontrar dos mensajes distintos que generen el mismo resultado al aplicar la función hash.

Hash o huella digital

Es el resultado, de tamaño fijo, que se obtiene tras aplicar una función hash a un mensaje y que cumple la propiedad de estar asociado unívocamente a los datos iniciales.

Interoperabilidad

Capacidad de los sistemas de información, y por ende de los procedimientos a los que estos dan soporte, de compartir datos y posibilitar el intercambio de información y conocimiento entre ellos.

Medio electrónico

Mecanismo, instalación, equipo o sistema que permite producir, almacenar o transmitir documentos, datos e informaciones; incluyendo cualesquiera redes de comunicación abiertas o restringidas como Internet, telefonía fija y móvil u otras.

Módulo criptográfico hardware de seguridad

Módulo hardware utilizado para realizar funciones criptográficas y almacenar claves en modo seguro.

Prestador de servicios de certificación

Persona física o jurídica que expide certificados electrónicos o presta otros servicios en relación con la firma electrónica.

Punto de acceso electrónico

Conjunto de páginas web agrupadas en un dominio de Internet cuyo objetivo es ofrecer al usuario, de forma fácil e integrada, el acceso a una serie de recursos y de servicios dirigidos a resolver necesidades específicas de un grupo de personas o el acceso a la información y servicios de a una institución pública.

Registro electrónico

Es el lugar donde podrá acceder a los trámites de los diferentes Ministerios y Organismos Públicos de la Administración General del Estado, así como a sus formularios de propósito general para realizar la presentación de cualquier tipo de solicitud, escrito o comunicación.

RFID

Denominado así por sus siglas en inglés, *Radio Frecuency Identification*, es un sistema de almacenamiento y recuperación de datos remoto, que usa dispositivos denominados etiquetas, tarjetas, transpondedores o tags RFID. El propósito de esta tecnología es transmitir la identidad de un objeto mediante ondas de radio.

Sede electrónica

Es aquella dirección electrónica disponible para los ciudadanos a través de redes de telecomunicaciones cuya titularidad, gestión y administración corresponde a una Administración Pública, órgano o entidad administrativa en el ejercicio de sus competencias

Es el número de usuarios individuales que visitan un site en un tiempo determinado independientemente del número de veces que accedan a ese sitio.

XML

Denominado así por sus siglas en inglés, *Extensible Markup Language*, es un metalenguaje extensible de etiquetas desarrollado por el *World Wide Web Consortium*. Es una simplificación y adaptación de SGML y permite definir la gramática de lenguajes específicos. Por tanto, XML no es realmente un lenguaje en particular, sino una manera de definir lenguajes para diferentes necesidades.

BIBLIOGRAFÍA

WEBGRAFÍA

Bibliografía

- Miguel Ángel Davara Rodríguez, "Acceso electrónico de los ciudadanos a los servicios públicos". Editorial La Ley, Madrid. Edición 2010.

- David López Homedes, "La Administración Electrónica, a través de la Ley 11/2007, de 22 de junio, de acceso electrónico de los ciudadanos a los Servicios Públicos". Editorial Lulu.com. Edición 2010.

- Rubén Martínez Gutiérrez, "Administración Pública Electrónica". Editorial Civitas, Madrid 2009.

WEBGRAFÍA

- **Real Decreto 203/2021, de 30 de marzo, por el que se aprueba el Reglamento de actuación y funcionamiento del sector público por medios electrónicos**

  https://www.boe.es/buscar/act.php?id=BOE-A-2021-5032

- **Ley Orgánica 3/2018, de 5 de diciembre, de Protección de Datos Personales y garantía de los derechos digitales**

  https://www.boe.es/buscar/act.php?id=BOE-A-2018-16673

- **Camefirma**

  https://www.camerfirma.com/

- **CERES**

  https://www.cert.fnmt.es/

- **DNI y Pasaporte - Cuerpo Nacional de Policía**

  https://www.dnielectronico.es/PortalDNIe/

- **Agencia Tributaria**

  https://sede.agenciatributaria.gob.es/

- **FNMT**

  https://www.sede.fnmt.gob.es/certificados/persona-fisica